ANDREAS
MAYER

DER DUFT VON GEMÜSE

VEGETARISCHE GERICHTE FÜR GENIESSER

FOTOGRAFIE
KLAUS BAUER

TEXT
STEPHANIE BRÄUER

MATTHAES

DER DUFT

VON GEMÜSE

REZEPTE

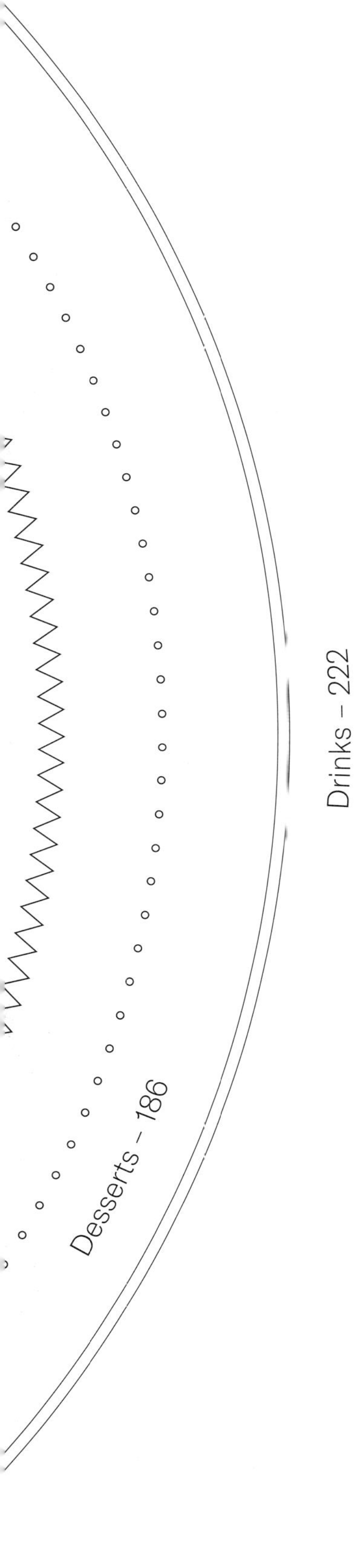

INHALT

ZU BEGINN

REZEPTE

ZUM ABSCHLUSS

Mayer's
Restaurant
Schloss Prielau-Zell am See
Andreas Mayer
SCHLOSS

VIELFALT, DUFT UND AROMEN

Mit diesem Buch erfülle ich mir einen lang gehegten Herzenswunsch. Meine Küche in Prielau ist nicht rein vegetarisch und wird es nie sein, doch nimmt das Kochen ohne Fleisch und Fisch einen enorm hohen Stellenwert bei mir ein. Für mich war die Vielfalt der vegetarischen Küche schon Thema, als in vielen Restaurants noch Salatplatten oder Gemüsesticks mit Dip das Höchste der Gefühle darstellten. Denn ich hatte – das ist inzwischen deutlich über 20 Jahre her – damals eine Freundin, die Vegetarierin war. Lange Jahre habe ich zu Hause also nur vegetarisch gekocht, und dabei meine Liebe zu einer Küche entdeckt, die sowohl fein und leicht als auch kräftig deftig sein kann und unendliche Möglichkeiten bietet.

Ich freue mich, wenn meine Rezepte in diesem Buch auch den ein oder anderen, der bisher der vegetarischen Küche eher skeptisch gegenüberstand, begeistern. Natürlich stellt sich bei einem Buch mit Gerichten, die in einem Gourmetrestaurant zubereitet und serviert werden, die Frage: Kann man die überhaupt nachkochen? Ich verspreche Ihnen, viele der Gerichte sind wunderbar auf Ihre private Küche übertragbar. Und bei den etwas aufwendigeren Rezepten können Sie sich nach Belieben einzelne Komponenten heraussuchen oder die Kombination der verwendeten Produkte einfach als Inspiration für Ihre eigenen Kreationen nehmen. Bei jedem Gericht erzähle ich ein wenig darüber, warum ich mich für bestimmte Aromenkombinationen, unterschiedliche Konsistenzen und eben genau die in dem jeweiligen Rezept verwendeten Produkte entschieden habe.

Dieses Buch ist nicht nur ein weiteres der inzwischen erfreulicherweise sehr verbreiteten vegetarischen Kochbücher, es soll Ihnen auch ein ganz besonderes Herzensthema von mir nahebringen, eben den „Duft von Gemüse".

Schließen Sie einmal die Augen und denken Sie an den Duft einer Erdbeere. Das geht ganz schnell, man hat eine sehr klare Vorstellung, wie frische Erdbeeren riechen. Wenn Sie dieselbe Übung jetzt mit einem Kohlrabi machen, wird es schon schwieriger. Warum eigentlich? Ein frisch aufgeschnittener Kohlrabi hat einen sehr spezifischen Geruch: frisch, grün, ein bisschen erdig, aber auch leicht süßlich. Doch aus irgendeinem Grund riechen wir nicht an Gemüse – wir kaufen es einfach. Und wenn man ein Gemüse überhaupt mit einem Duft zusammenbringt, dann eher im gekochten Zustand. Die Geruchserinnerung lässt uns Kohlrabi vielleicht mit einem Gericht verbinden, das wir nicht mochten – und schon fällt der Kohlrabi aus unserem Speiseplan. Wie schade, denn wenn Sie beispielsweise dem Gericht „Krenravioli mit Rote Bete, Kohlrabi und Meerrettichschaum" (siehe S. 164) oder auch ein paar weiteren Gerichten in diesem Buch, bei denen die hellgrüne Knolle eine Rolle spielt, keine Chance geben, werden Sie nicht wissen, was Sie verpassen.

Damit sind wir bei einem wichtigen Thema im Zusammenhang mit Düften: Geruchserinnerungen. An kaum etwas kann man sich so gut erinnern wie an Gerüche. Sie wissen sicher noch genau, wie es bei Ihren Eltern zu Hause gerochen hat, in der Schule, an Ihren Geburtstagen, an Weihnachten, im Sommerurlaub. Diese Gerüche würden Sie überall wiedererkennen und sofort mit Emotionen verbinden.

Wenn Sie nun an Ihr Lieblingsgericht denken, und dann ein Gericht vor Ihnen steht, das ein ganz bestimmtes Aroma aus diesem Gericht aufgreift – ich verspreche Ihnen, Sie werden ein ganz neues, intensiveres Geschmackserlebnis haben. Dabei geht es gar nicht darum, ein ganzes Gericht in einen Duft zu packen, sondern darum, einzelne Aromen herauszukitzeln und zu unterstreichen, die im Gericht enthalten sind. Düfte, die ich über Jahre zu „Parfüms" entwickelt habe, biete ich meinen Gästen bei dem ein oder anderen Gang an, kurz bevor ich ihn serviere. Der Duft aktiviert im Gehirn Erinnerungen und Empfindungen, stellt sie auf das ein, was da kommt, und lässt sie dann die Geschmacksaromen viel intensiver wahrnehmen und genießen.

Nicht alle Düfte eignen sich dazu. Pilze beispielsweise riechen leicht muffig – damit fördert man ein Genusserlebnis eher weniger. Wenn Sie aber kurz vor dem Genuss eines Pilzgerichts den Duft von Moos einatmen, sind Sie sofort im Wald, in einem erdigen Duftkosmos, und der passt perfekt zu den Pilzen.

Ich würde allerdings in einem Menü nie alle Gänge mit einem Duft einleiten. Das überlastet die Geruchsnerven und sie machen einfach zu. Ein, zwei Mal kann man mit einem solchen Duftwegweiser das Genusserlebnis intensivieren. Und das können Sie zu Hause auch. Sie brauchen nicht unbedingt ein Parfüm dazu, riechen Sie an Kräutern, Zitruszesten, frisch aufgeschnittenem Gemüse oder auch dem ein oder anderen Gewürz. Anregungen und meine Einschätzungen dazu, welche Düfte zu welchen Gerichten passen, finden Sie in den Einführungstexten zu den Rezepten – allerdings immer nur dann, wenn meiner Meinung nach ein Duft ein Gericht wirklich unterstützt. Das muss ja nicht immer der Fall sein.

In diesem Buch möchte ich Sie einladen, sich mit mir auf eine Reise zu begeben, auf eine Reise zu den Geschmacks- und Geruchsaromen von Gemüse (und Obst, denn diese beiden gehören für mich zusammen) in unterschiedlichen Zubereitungsformen, Kombinationen und Aggregatszuständen. Ob roh, gebraten oder blanchiert, als Mousse, Eis oder Schaum – ein und dasselbe Gemüse kann ganz neue, faszinierende Geschmackserlebnisse bieten. Das zeigen besonders die Gerichte, bei denen ich mit Variationen arbeite, wie beispielsweise „Terrine und Sülze vom Sellerie" (siehe S. 56). Oder bei einem ganz schlichten Rezept, den „Gemüserösti mit buntem Gemüse" (siehe S. 176). Lange habe ich überlegt, ob dieses Rezept einen anderen Titel benötigt, mich aber dagegen entschieden, weil es genau darum geht: um Gemüse, einmal gebraten, einmal knackig blanchiert, dazu eine Karottenluft, deren volles Aroma als Geschmacksspitze erst im Mund explodiert. Klingt langweilig, schmeckt aber einfach gut.

Wie oben bereits erwähnt, erzähle ich bei jedem Gericht ein wenig, warum ich mich für diese oder jene Komposition entschieden habe. Zu behaupten, Profiköche würden sich vor jedem neuen Gericht immer genau diese Gedanken machen, wäre allerdings gelogen. Das liegt nicht daran, dass wir nicht wissen, was wir tun, sondern dass wir es – aus langer Erfahrung heraus – ganz automatisch tun. Manchmal täuschen wir uns dabei – auch ich. Dann probieren wir in der Küche so lange herum, bis es passt.

Dazu kommt, dass die Empfindung, ob bestimmte Geschmäcker und Gerüche zusammenpassen, individuell ist. Manche Kombinationen finden bei sehr vielen Menschen Anklang, andere eher weniger. Sie schmecken in einem Produkt, einem Gericht etwas anderes als ich, und ein bestimmter Geruch löst bei mir etwas anderes aus als bei Ihnen. Ohnehin gibt es ohne Geruch keinen Geschmack, aber darauf komme ich auf den nächsten Seiten noch zurück.

Zum Schluss ein paar Worte zum Aromenrad: Das Aromenrad ist ein gutes Werkzeug, wenn man anfangen möchte, sich intensiver mit Aromen und Düften zu beschäftigen. Einen Duft wahrzunehmen und ihn in Worte zu fassen, ist noch lange nicht dasselbe. Ihn in Worte zu fassen, erleichtert aber anfangs die Einordnung des Dufts in eine bestimmte Kategorie und damit auch seine Kombinationsmöglichkeiten.

Eine kleine Hilfestellung: Wenn man unsicher ist, welche Aromen inklusive ihrer detaillierten Unterteilungen sich in einem Gericht kombinieren lassen, sodass sie harmonisch zusammenpassen, sollte man sich vor Augen führen, dass letztendlich vor allem „erdig", „laktisch", „nussig", „röstig", „sauer", „süß", „scharf" und vielleicht noch „seifig" zählen. Wir empfinden ein Gericht dann als perfekt, wenn diese Aromen in einer gewissen Vielfältigkeit vorhanden und gut ausbalanciert sind. Insbesondere die Balance von Süße und Säure, in der Küche auch „das Säurespiel" genannt, kann entscheidend dafür sein, ob uns ein Gericht schmeckt. Daher wird zum Beispiel, ganz abseits der vegetarischen Küche, zum Wiener Schnitzel mit seiner ölig-laktischen Panade eine Zitrone gereicht.

Warum erzähle ich Ihnen das alles? Ich möchte einen neuen Blickwinkel auf das Thema Gemüse aufzeigen, das so viele extrem gute Geschmacks- und Duftaromen bereithält. Spielen Sie damit auf dem Teller, aber spielen Sie damit vor allem auch mit Ihrer Nase. Finden Sie Ihre eigenen Vorlieben heraus. Riechen Sie beim Einkauf ganz bewusst an den Produkten und versuchen Sie sich im Kopf vorzustellen, was zusammenpassen könnte. Sie werden feststellen, je mehr Sie „aktiv" riechen, desto besser wird Ihr Geruchsgedächtnis und Ihre Aromenkreativität. Und weil Geschmack und Geruch untrennbar miteinander verbunden sind, bin ich mir sicher, dass Ihnen noch viel mehr Kombinationsmöglichkeiten einfallen, als ich sie hier in diesem Buch präsentieren kann.

Ich hoffe, dass meine Rezepte und Anregungen für Sie der Anfang einer genuss- und lustvollen Reise in eine Welt sind, in der der „Duft von Gemüse" Ihnen immer das Wasser im Munde zusammenlaufen lässt.

Wie ich darauf gekommen bin und wie ich heute damit arbeite, schildere ich auf den nächsten Seiten. Und dann können Sie selbst in Ihrer Küche und mit Ihren Gästen – und wenn Sie mögen mit meinen Rezepten – experimentieren. Meine Ideen zu den einzelnen Rezepten sind wie kleine Guides hinein in diese genussvolle Geruchswelt. Finden Sie Ihre eigene Spur, schaffen Sie sich eigene, neue Geruchserinnerungen, die Ihnen in Zukunft sofort einfallen werden, wenn es um den „Duft von Gemüse" geht.

Dabei wünsche ich Ihnen viel Spaß!

Ihr Andreas Mayer

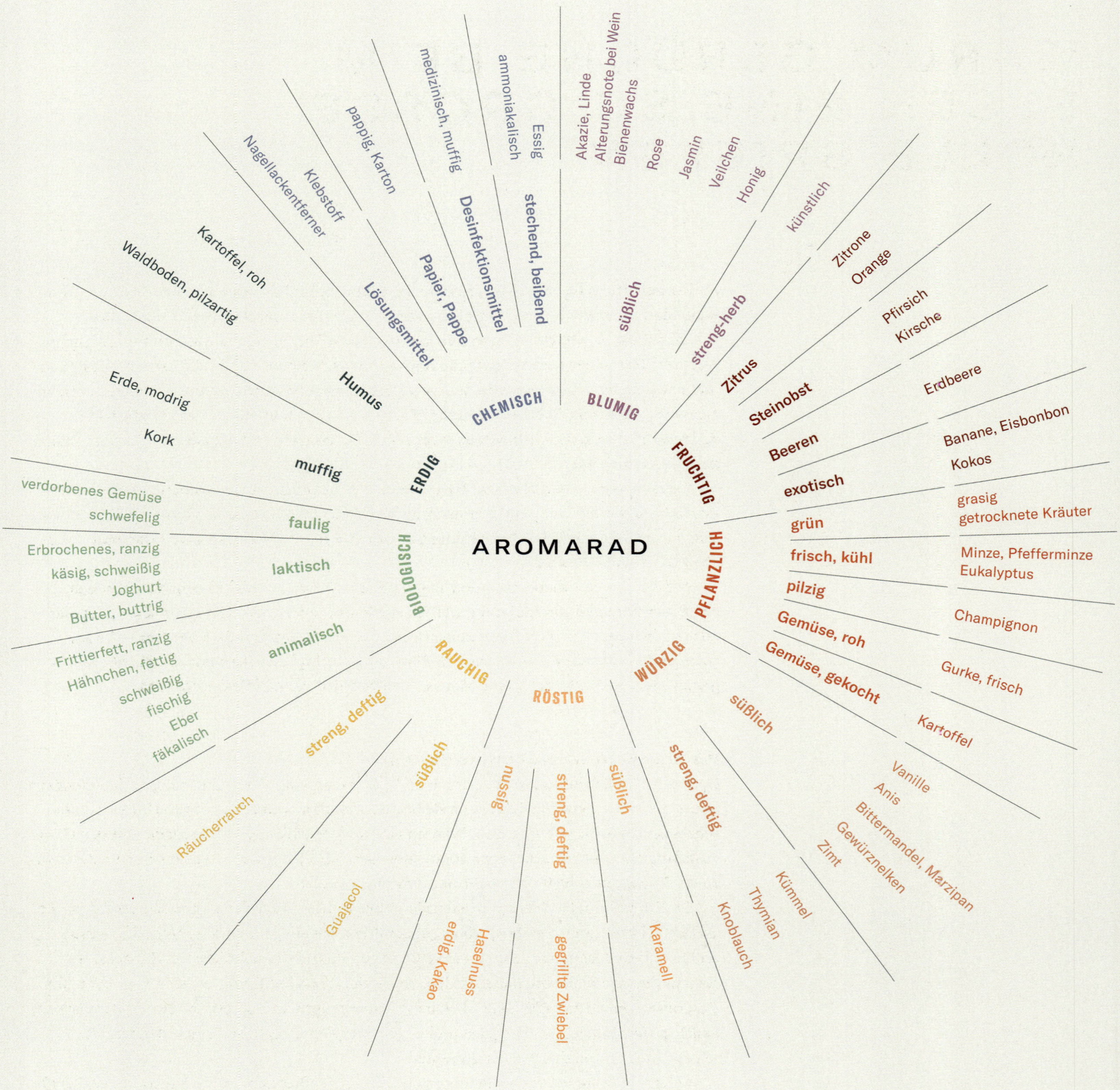

Quelle: Eigene Gestaltung nach dem DLG Aromarad Getränke und Lebensmittel

WARUM GERÜCHE BEIM ESSEN EINE SO GROSSE ROLLE SPIELEN

Sie kennen das sicher: Sie haben eine starke Erkältung und die Nase ist total verstopft. Dann kann man Ihnen die tollsten Gerichte vorsetzen und Sie schmecken praktisch: nichts!

Ich habe in den letzten Jahren sehr viel zu diesem Thema gelesen, gehört und gelernt, will hier aber keine wissenschaftliche Abhandlung schreiben. Doch ein bisschen Theorie ist durchaus interessant, wenn man über den Duft von Nahrungsmitteln und Gerichten spricht. Denn das Wissen darüber, wie Geschmack eigentlich entsteht, hilft dabei, ein Gericht so zu kreieren, dass seine Bestandteile ihren vollen Geschmack entfalten können und es – banal gesagt – einfach gut schmeckt.

Das, was wir als „Geschmack" bezeichnen, ist eigentlich eine Kombination unterschiedlicher Sinneseindrücke: Der Geschmack auf der Zunge und im Gaumen (also die Reaktion der sich dort befindlichen Geschmacksknospen), die Textur der Nahrung, ihre Temperatur und eben vor allem ihr Geruch.

Auf die Themen Temperatur und Textur gehe ich immer wieder in den Texten zu den einzelnen Rezepten ein, hier nur kurz: Ein gewisser Crunch, beispielsweise durch Gemüse- oder Käsechips, aber auch durch knuspriges Brot, macht das Munderlebnis eines Gerichts spannender. Und ein Eis auf Basis von Blumenkohl bringt den Geschmack dieses Gemüses ganz anders zur Geltung als eine Mousse – selbst bei ähnlichen Bestandteilen.

Geruchs- und Geschmackssinn

Doch jetzt endlich zum Geruch. Geruch und Geschmack werden in der Biologie als „chemische Sinne des Menschen" bezeichnet, da sie beide durch chemische Substanzen (Duft- und Geschmacksstoffe) aktiviert werden. Während etwa 10–30 Millionen Sinneszellen für den Geruch zuständig sind, gibt es „nur" etwa 2000–5000 Geschmacksknospen, wobei jede Knospe etwa 10–50 Sinneszellen hat (also insgesamt maximal 250.000).

Die Zunge (auf der sich die meisten Geschmackszellen befinden) kennt nur „süß", „sauer", „salzig", „bitter" und „umami", wobei „umami" erst vor ein paar Jahren „entdeckt" wurde und in engem Zusammenhang mit eiweißhaltigen Produkten steht. Die Geschmacksforschung versucht derzeit herauszufinden, ob „fettig", „alkalisch" und „wasserartig" ebenfalls Geschmacksempfindungen sind. „Scharf" gilt übrigens nicht als Geschmack, sondern ist nur eine Überreizung der Geschmacks- und in gewisser Weise auch der Geruchssinneszellen. Ich erwähne es trotzdem bei den Rezepten.

Würden wir nur die oben genannten Geschmäcker erkennen, wären Kreation und Genuss eines Gerichts ziemlich langweilig. Spannend wird es erst durch den Geruch.

Der Geruchssinn ist nicht nur einer der stärksten Sinne des Menschen – und das aus gutem Grund, schließlich hat er uns beispielsweise, als wir noch in Höhlen gewohnt haben, bei Rauchgeruch vor Gefahr gewarnt. Geruch ist aber vor allem der „schnellste" Sinn. Sehen, Hören und Fühlen müssen erst in unserer Großhirnrinde verarbeitet werden. Düfte wirken dagegen direkt auf das limbische System unseres Gehirns. Dort werden Emotionen verarbeitet und Hormone gesteuert. Somit sind Gerüche eng mit unserer Erinnerung verbunden. Ein bestimmter Geruch kann also nicht nur sofort eine bestimmte Emotion auslösen, sondern auch gleich einen ganzen Erinnerungsfilm vor unserem geistigen Auge entstehen lassen.

Auf den richtigen Duft programmieren

Geruchs- und Geschmackssinn arbeiten beim Essen eng zusammen. Wenn uns ein Essen serviert wird, nimmt zunächst unsere Nase Gerüche wahr – und programmiert damit schon mal unsere Gefühle. Riecht etwas zum Beispiel unserem Geruchsempfinden nach schlecht, so ist die Wahrscheinlichkeit groß, dass wir auch den Geschmack nicht mögen – selbst wenn dieser anders sein kann als der Geruch. Erweckt der wahrgenommene Geruch hingegen eine gute Erinnerung, dann „freut“ sich unsere Zunge auf den zu erwartenden Genuss und uns läuft wortwörtlich das Wasser im Munde zusammen. Mit meinen Parfüms, an denen ich die Gäste vor dem Servieren einiger Gänge riechen lasse, spiele ich mit der Programmierung auf die richtige „Geschmacks-“Empfindung. Stelle ich das Gehirn zum Beispiel schon mit einem Duft von Zitrus ein, dann wird es diesen Geruch in dem daraufhin servierten Gericht sehr schnell erkennen und ihn intensiver „schmecken“.

Selbst beim Schmecken auf der Zunge spielt der Geruch noch die dominante Rolle. Denn wenn wir etwas essen, passieren gleichzeitig zwei (oder eigentlich drei) Prozesse: Die Geschmacksknospen nehmen süß, sauer, salzig, bitter oder umami wahr. Dabei sorgen bestimmte Geschmacksempfindungen instinktiv für unmittelbare Reaktionen (z. B. bitter – Gefahr – sofort ausspucken!). Prinzipiell werden alle Informationen, die von den Geschmackssinneszellen aufgenommen werden, an ein Gebiet im verlängerten Rückenmark befördert, wo sie zusammen mit den Sinneswahrnehmungen Temperatur, Haptik oder Schmerz (auch Schärfe) wiederum an unser Gehirn geleitet werden. Hier treffen die Geschmackinformationen auch auf die Geruchsinformationen. Die waren aber schon ein bisschen schneller, denn der Duft steigt über den Rachen – wo ebenfalls Geruchsrezeptoren sitzen – direkt ins Gehirn. Eine instinktive Reaktion auf einen beißenden Geruch ist daher deutlich schneller und heftiger. Aber wir möchten ja von Genuss sprechen. Im Gehirn treffen also Geruchseindrücke (sehr vielfältig) und Geschmackseindrücke (süß, sauer usw.) zusammen, zudem setzt die Riecherinnerung ein – und all das vermittelt dann dem Bewusstsein beispielsweise: Du isst gerade Schokolade mit Karamellchips und einem Klecks Sahne. Und das magst du sehr gerne.

Wie gesagt, ich bin kein Wissenschaftler. Etwaige Ungenauigkeiten bitte ich zu entschuldigen, aber im Prinzip funktioniert dieses System genau so. Ein ganz einfacher Test verdeutlicht dies:

Der Zucker-Zimt-Test

Bitten Sie einen anderen Menschen, sich als „Versuchskaninchen“ zur Verfügung zu stellen. Ohne, dass er oder sie es sieht, füllen Sie einen Löffel mit einer Mischung aus Zucker und Zimt. Bitten Sie Ihr Gegenüber, die Augen zu schließen und sich die Nase zuzuhalten. Geben Sie ihm oder ihr das Zucker-Zimt-Gemisch in den Mund und fragen, was er oder sie schmeckt (unbedingt noch mit zugehaltener Nase). Die Antwort wird sein: „Kristallig, irgendwie süß, Pulver …“ Dann bitten Sie ihn oder sie, die Finger von der Nase zu nehmen – und beobachten Sie den überraschten Gesichtsausdruck und den Ausruf „Zimt!“. Sie können das natürlich auch bei sich selbst probieren – da fehlt nur der Überraschungseffekt.

Das Aromenrad für Genusstraining

Es gibt nur fünf Geschmacksrichtungen, mehr „Geschmack" kann man nicht lernen. Ihren Geruchssinn aber können Sie trainieren. Je öfter Sie bewusst an etwas riechen, es versuchen einzuordnen und im Gedächtnis zu fixieren, desto besser werden Sie in der Lage sein, Gerüche zu beschreiben und damit auch Geschmacksempfindungen differenzierter wahrzunehmen.

Eine große Hilfe für das Genusstraining kann das Aromenrad sein. Es ist ein System zur Kategorisierung von Geschmacksnoten und Aromen. Wenn Sie also versuchen, bestimmte Gerüche oder Geschmäcker (als Kombination von Geruch und Geschmack) zu erkennen, können Sie sich mit dem Aromenrad von der groben Einteilung zur absoluten Präzision vorarbeiten.

Ich habe ganz bewusst darauf verzichtet, die Rezepte in diesem Buch bis ins kleinste Detail zu analysieren, denn schließlich geht es ja vor allem um den Genuss. Aber es kann Spaß machen, im Freundeskreis oder mit der ganzen Familie damit zu experimentieren. Ich warne Sie vor: Kinder sind bei der Erkennung von Gerüchen viel, viel besser. Wir haben das mit unseren Kindern versucht, und unsere Tochter, damals 9 Jahre alt, hat uns immer um Längen geschlagen. Das liegt nicht nur daran, dass die Geruchssinneszellen von Kindern noch nicht jahrelang von so vielen Sinneseindrücken überlastet sind, sondern auch daran, dass der Geruchssinn etwa ab dem 40. Lebensjahr nachlässt. Aber da er sich – in jedem Alter! – trainieren lässt, ist es eben genauso wie beim Sport: Was Sie vorher trainieren, fängt beim Abbau auf einem viel höheren Level an. Und wenn Sie auch erst spät ins Training einsteigen, so bleiben Sie immer noch länger fit. Das Training des Geruchssinns, insbesondere im Zusammenhang mit dem Geschmack, ist allerdings definitiv viel entspannter als Sport.

WIE ICH DAZU GEKOMMEN BIN, AN GEMÜSE ZU RIECHEN

Neue Gäste sind immer sehr erstaunt, wenn wir Ihnen zum ersten Mal vor einem Gang ein Parfüm und einen Geruchsstreifen anbieten. Entweder ich persönlich oder mein Serviceteam erklären dann den Hintergrund und die Gäste sind beeindruckt davon, wie sehr diese Einstimmung tatsächlich ihr Geschmacksempfinden beeinflusst. Besonders groß ist die Überraschung allerdings, wenn eines der Parfüms „Blumenkohl“ oder „Paprika“ ist. Denn, wie ich schon im Vorwort erwähnt habe, wir riechen im Alltag doch eher selten an Gemüse.

Um zu erklären, wie ich selbst dazu gekommen bin, aus Gemüsedüften Parfüms zu machen, muss ich ein wenig ausholen. Wahrscheinlich zeigt schon mein Lebenslauf, dass ich noch nie den geraden Weg gegangen bin, sondern immer nach neuen Herausforderungen gesucht habe. Aber ich konnte auch richtig hartnäckig sein, wenn ich mir etwas vorgenommen hatte. Sonst hätte ich mir nie die Zeit genommen, mich so sehr in ein zwar faszinierendes, aber aufwendiges Thema einzuarbeiten. Denn Zeit ist im Kochberuf das höchste Gut.

Mit Umwegen in die Küche

Meine erste Berufswahl hatte mit Kochen absolut nichts zu tun: eine Lehre als Installations- und Heizungstechniker (die Motivation: mein älterer Bruder wollte, dass ich in sein Geschäft einsteige). Nebenbei habe ich in der zweiten Liga in Österreich Fußball gespielt. Wir wohnten fünf Kilometer von der Grenze entfernt auf der deutschen Seite zwischen Rosenheim und Kufstein. Aber in Österreich wurde die zweite Liga bezahlt (die Motivation also Spaß und Geld). Nach dem Abschluss der Lehre wusste ich, dass ich in diesem Beruf nicht arbeiten wollte (zu kalt, zu nass), und so habe ich stattdessen mein Fachabitur nachgeholt, um dann Kunststofftechnik in München zu studieren. Da von zu Hause nicht viel Geld übrig war, musste ich mir das Studium selbst finanzieren und – jetzt endlich kommt die Gastronomie – fing an, während des Semesters in einer Bar zu jobben: am Tresen, aber auch immer mal wieder in der Küche. In den Semesterferien arbeitete ich bei meiner Schwester in Oberaudorf im „Ochsenwirt“. Dort gab es hervorragenden Schweinebraten, Saucen, die ich heute noch so koche – und eine Lehrstelle für mich. Diese zweijährige Lehre war von mir zunächst als Kreativpause gedacht, denn das Studium hatte sich auch nicht richtig angefühlt und ich war mehr beim Surfen gewesen als im Hörsaal.

Der „Ochsenwirt“ war eine echte Bauernwirtschaft, sicher kein Gourmettempel. Trotzdem habe ich dort gelernt, nachhaltig zu arbeiten. Ich entschuldige mich bei Ihnen als Leser eines vegetarischen Kochbuchs, aber dort haben wir schon damals alles vom Tier verwertet, lange bevor es als „from nose to tail“ zum Trend erklärt wurde. Selbstverständlich wurde aber auch viel Gemüse aus dem eigenen Garten verwendet – „from farm to table“ also. Beide Prinzipien setze ich bis heute in meiner Küche um. Und mein inzwischen eigener Gemüse- und Kräutergarten ist die beste Inspiration für meine saisonalen vegetarischen Gerichte. Aber ich greife vor.

Mein Weg zu den Sternen

Der „Ochsenwirt" war natürlich nicht als Lebensstellung gedacht. Weil ich mir außerdem ein bisschen die Welt anschauen wollte, ging es daher erst mal ein halbes Jahr nach San Francisco – zum Surfen und nebenbei in einem Restaurant arbeiten, das einem Bekannten meines Schwagers gehörte. Immerhin blieb ich da schon der Gastronomie treu. Zurück in Deutschland hatte ich von Konrad Löcherbach, einem lieben Gast und Freund, der später auch mein Trauzeuge wurde, einen Floh ins Ohr gesetzt bekommen: „Du bist am Herd so ein Talent, du musst unbedingt woanders arbeiten." Als junger Mann dachte ich also: „Ich bin der Größte", und bewarb mich bei Heinz Winkler in Aschau (damals 3 Sterne), bei Eckart Witzigmann im Münchner „Aubergine" (3 Sterne) und bei ein paar anderen Köchen desselben Kalibers. Die Antworten waren durchweg entweder „Nein" oder „Kommen Sie in drei Jahren wieder". Als ich dann einmal bei Freunden in Bonn zu Besuch war, beschloss ich spontan, nach Düsseldorf zu fahren und mich im „Schiffchen" bei Jean-Claude Bourgueil vorzustellen – damals ebenfalls 3 Sterne. Ich bin also dort hin, habe einen kleinen Mann im Restaurant getroffen und ihm erklärt, ich hätte zwar keinen Termin, wolle aber Monsieur Bourgueil sprechen, denn ich würde gerne anfangen bei ihm zu arbeiten.

Es war der Meister selbst, den ich nicht einmal erkannt hatte – was ihn aber nicht zu beeindrucken schien. Er fragte mich, wo ich vorher gekocht hätte, und war erneut nicht sehr beeindruckt. Aber mit den Worten „Damit Sie überhaupt wissen, auf was Sie sich einlassen" bot er mir für den Abend einen Platz an und servierte mir zwei Gänge.

Irgendetwas an mir muss ihn doch überzeugt haben, denn die Woche darauf fing ich im „Schiffchen" an – in der Patisserie, in der ich drei Monate nur schnipseln durfte. Dann kamen immerhin Gebäck und Brot dazu (letzteres begeisterte Bourgueil sehr), und als nach sechs Monaten der Chef de Patisserie das Restaurant verließ, wurde ich sein Nachfolger. Weil aber Patisserie nicht mein Lieblingsposten war, ging ich schon nach etwa acht Monaten zum Chef und wollte einen anderen Posten. Nach einem Fluch seinerseits, der meinen Geisteszustand anzweifelte, meinte er: „Gut, aber an einem anderen Posten musst du wieder als Commis (erster Rang nach der Lehre) anfangen." Dies war die schlimmste Leidenszeit meines Lebens. Der neue Posten als Poissonnier (Fischkoch) war direkt neben dem riesigen, sehr heißen Molteni-Herd, und mein Postenchef hat mich gehasst.

Aber: Die Zeit im „Schiffchen" hat mir jene Türen geöffnet, die mir vorher verschlossen geblieben waren. Ich habe anschließend im „Landhaus Scherrer" in Hamburg, bei Heinz Winkler in Aschau, als Küchenchef von Eckart Witzigmanns „Palazzo" in Berlin und München, als Sous Chef bei Gerd Käfer in München und schließlich als Küchenchef im Kempinski Hotel „Vier Jahreszeiten" in München gearbeitet. Dort habe ich auch die Familie Porsche kennengelernt (mehr dazu auf S. 229).

Der kurz gedachte Lebenslauf ist nun doch ein bisschen länger geworden, aber er umfasst schließlich ein paar Jahre. Wie ich zur vegetarischen Küche gekommen bin – durch eine vegetarische Freundin – habe ich schon im Vorwort geschrieben. Und ich gehe weiter unten noch darauf ein, was mich an Gemüse so begeistert. Aber nun endlich: Wieso überhaupt Duft beim Essen?

Der Stammgast, der den Duft seiner Speisen inhalierte

Alles fing mit einem Stammgast an, der immer, wenn er zu uns kam, erst an seinen Speisen roch, bevor er zu essen anfing. Er beugte sich über den Teller, inhalierte tief und nahm erst dann das Besteck zur Hand. Als ich das zum dritten oder vierten Mal beobachtet hatte, musste ich ihn einfach darauf ansprechen. Ich war besorgt, dass ihn vielleicht irgendein Duft stören würde. „Nein, es ist alles in Ordnung", beruhigte er mich. „Aber ich kann das Essen nur genießen, wenn ich es vorher gerochen habe. Die Gerüche inspirieren mich dermaßen, dass ich das immer so mache, seitdem ich es herausgefunden habe."

Diese Erklärung machte mich neugierig und ich begann, viel über den Zusammenhang von Geschmack und Geruch nachzulesen. Für Sie habe ich das ab Seite 9 zusammengefasst. Die beiden für mich wichtigsten Erkenntnisse: Sehr viele Millionen Geruchsrezeptoren sorgen dafür, dass wir viel besser riechen können als schmecken. Und: Düfte sind Erinnerungen.

Kulinarische Dufterinnerungen

Was ist Ihre erste Dufterinnerung an ein Gericht? Als ich anfing, mich mit diesem Thema zu beschäftigen, habe ich mich das selbst gefragt und hatte sofort ein Bild vor Augen – und das Gefühl eines Dufts in der Nase. Mit etwa zehn Jahren kam ich immer Sonntagmittag vom Fußballspiel nach Hause. Und sonntags gab es den Schweinebraten meiner Mutter. Ich bin also durch die Haustür gekommen und es hat nach Kümmel gerochen, nach Bier, nach Kruste, eben nach einem perfekten Schweinebraten. Mit dieser Erinnerung und den Erklärungen meines Stammgasts im Kopf überlegte ich mir, dass man dieses Erlebnis doch auch für andere zugänglich machen könnte, ohne dass alle Gäste an ihrem Teller riechen müssten. Und dass man ihnen damit neue Geruchserinnerungen schenken könnte. Man müsste ihnen „nur" ein Parfüm anbieten, das den Duft des jeweiligen Gerichts darstellte. Und weil mir eben der Geruch des Sonntagsbratens meiner Kindheit so lebhaft in der Nase war, wollte ich mit diesem Duft beginnen.

Erste Experimente

Ich sprach also mit meinem Freund Siegfried Herzog, einem der besten Schnapsbrenner, die ich kenne. Denn Parfüm und Schnaps sind schließlich beides Destillate. Wir überlegten, wie der Vorgang mit Lebensmitteln funktionieren könnte, und er verriet mir einige Tricks. Schließlich kaufte ich mir ein einfaches Gasflammengerät mit Glasbehälter sowie reinen Grundalkohol in der Apotheke. Das Ziel war, ein Produkt in den Alkohol, alles zum „Kochen" zu bringen, und dann alles destillieren zu lassen, um zu sehen, wie gut der Duft das Grundprodukt trifft. Wie das im Detail funktioniert, erkläre ich gleich im nächsten Kapitel.

Richtig geklappt hat es natürlich nicht von Anfang an. Zum einen habe ich inzwischen die Technik weiterentwickelt und arbeite heute mit einem sogenannten Rotationsverdampfer. Vor allem musste ich aber viele Erfahrungen sammeln, denn es eignen sich definitiv nicht alle Produkte dazu, ein Parfüm zu werden. Bis zu den 140 verschiedenen Parfüms, die ich heute habe, bedeutete das jahrelange Tüftelarbeit.

Unter anderem wollte ich ja ursprünglich den Duft von ganzen Gerichten auf ein Parfüm übertragen. Das ist aber für eine normale Nase unmöglich zu erkennen, selbst bei Gerichten, von denen man glaubt, sie hätten einen ganz spezifischen Geruch: Ob man nun Vegetarier ist oder nicht, jeder kennt im Herbst /Winter den Geruch von Gans mit Blaukraut. Destilliert man das aber zu Parfüm, beinhaltet es die Aromen von Fleisch, Blaukraut, den Zutaten zur Sauce, den Kräutern und dazu noch die Röstaromen der Kruste – rund zehn verschiedene Düfte, die zusammen einfach überfordern. Nehme ich aber nur Gänsebraten, versteht es jeder sofort.

Bei Gemüse wird das Ganze etwas schwieriger, denn wir sind es nicht gewohnt, Gemüsearomen zu erkennen. Ich habe das schon an anderer Stelle erwähnt, aber fragen Sie einmal Freunde und Bekannte, die sich nicht gerade mit diesem Thema beschäftigen, welche Gemüsedüfte sie kennen. Im Zweifelsfall kommt immer der verkochte Kohl ... Und klassische Gemüsegerichte, die jeder kennt, gibt es leider (noch) zu wenig – das Geruchsgedächtnis kann also auf recht wenig Material zurückgreifen.

Sie können aber nicht beschreiben und demnach auch nicht verarbeiten, was Sie nicht kennen. Nehmen wir einmal das Thema Wein: Wenn Sie einen Wein probieren oder an ihm riechen und „Stachelbeere“ oder „Kirsche“ erkennen, können Sie das nur, wenn Sie schon einmal Stachelbeeren oder Kirschen gerochen beziehungsweise geschmeckt haben. Dabei sind wir wieder beim Geruchsgedächtnis. Wenn Sie sich wundern, dass Sie viele Gemüsedüfte nicht erkennen: Je mehr Sie es ausprobieren, an echtem Gemüse riechen, desto mehr schulen Sie Ihr Geruchsgedächtnis.

Erkenntnisse

Heute weiß ich, dass sich besonders solche Produkte gut zu Parfüm machen lassen, die einen hohen Anteil ätherischer Öle haben, wie Paprika zum Beispiel. Butter dagegen geht gar nicht, ein Grund, warum man aus Milchschokolade kein Parfüm machen kann. Außerdem müssen die Grundprodukte sehr reif sein. Doch es gibt auch Produkte, bei denen ich seit Jahren versuche, ein gutes Parfüm aus ihnen zu machen, aber es gelingt mir einfach nicht – Tomate zum Beispiel.

Eine weitere Erkenntnis war, dass man manchmal, um das Gehirn des Gasts auf einen bestimmten Geschmack einzustellen, auf Gerüche aus dem Umfeld zurückgreifen muss. Ich habe es im Vorwort schon erwähnt: Pilze beispielsweise haben keinen guten Eigengeruch, schon gar nicht als Parfüm. Aber um zum Beispiel auf die „Variation von Waldpilzen“ (siehe S. 62) einzustimmen, verwende ich den Geruch von Waldmoos – und sofort ist der Gast auf dem richtigen Weg. Zitrusaromen kann man für frische Gerichte verwenden, selbst wenn darin nur ein Hauch von Zitrone oder Orange enthalten ist. Doch für das Parfüm darf man ausschließlich Abrieb verwenden, weder das Fruchtfleisch noch den weißen Teil der Schale, damit funktioniert es nicht.

Ich stelle auch viele Parfüms für meine nicht-vegetarischen Gerichte her, aber das Thema „Gemüse und Aroma“ finde ich besonders faszinierend, weil es die Türen in eine neue, vielen unbekannte Genusswelt öffnet.

Ein Plädoyer für Gemüse & Co.

Dieses Buch heißt „Der Duft von Gemüse“, da ich hoffe, Sie dafür begeistern zu können, dass Gemüse ein Geruchs-Geschmacks-Gesamterlebnis ist. Allerdings geht es mir bei den Rezepten auf diesen Seiten vor allem um eine Huldigung der vegetarischen Küche an sich, unter anderem also auch Obst, Milchprodukte, Pasta, Graupen und Co., denn wie ich im Vorwort geschildert habe, begleitet mich diese Küche schon sehr lange. Und darin bestärkt werde ich durch zahlreiche Stammgäste hier in Prielau, die ganz gezielt wegen meiner vegetarischen Menüs kommen

Dass „vegetarisch" heute nicht mehr automatisch „langweilig" bedeutet, muss ich nicht extra betonen. Aber für mich ist es sehr viel mehr als eine „Alternative", die man anbieten „muss". Ich liebe die Produkte, mit denen ich dabei arbeite, und möchte Sie daher auf eine kleine persönliche Reise durch die Jahreszeiten mitnehmen:

Im Frühjahr kann ich es kaum erwarten. Gerade bei uns ist der Winter extrem lang. Wenn dann der Schnee schmilzt und die ersten Pflänzchen rauskommen, ist dieses buchstäblich neue Erwachen des Lebens ein ganz unglaubliches, ergreifendes Gefühl für mich. Hier in der Region wachsen so viele Produkte, die einfach bombastisch sind und einen außergewöhnlich intensiven Geschmack mit sich bringen. Bergschnittlauch beispielsweise. Oder Holunder, den es direkt vor der Haustür gibt – und der so besonders ist, weil er nur ein paar Wochen lang verfügbar ist. Oder frisch geschnittene Frühlingszwiebeln – kein Vergleich zu denen, die man auch im Winter im Geschäft kaufen kann. Oder Bärlauch. Und natürlich gibt es die ersten Produkte aus den heimischen Gewächshäusern: Kohlrabi, Tomaten, Rhabarber, Spargel natürlich. Dann kommt der Sommer, mit allem, was man sich denken kann – zum Austoben in der Küche. Zwei meiner Lieblingsgemüse, Blumenkohl und Paprika, sind die reinsten Geschmacksbomben, genauso wie Bohnen, Artischocken und Zucchini. Und die vielen Obstsorten. Wenn ich nur an die Marillenzeit denke! Ja, die Früchte gibt es zwei Monate vorher auch schon im Supermarkt. Aber so eine frisch geerntete Marille, was kann man mit der nicht alles anstellen – auch abseits vom Dessert. Anschließend Erntedank im Herbst. Danke für Rote Bete, Brokkoli, Kürbis und natürlich Pilze in allen Variationen.

Genusskampagne im Winter

Es wird Winter. Das ist, zugegebenermaßen, in unseren Breitengraden eine Herausforderung an die vegetarische Kreativität. Frische, zumindest aus der Region, kommt nun eher aus dem Gewächshaus. Sellerie, Äpfel, Zwiebeln und natürlich Kartoffeln lassen sich gut durch den Winter bringen. Aber man muss in diesen Monaten, vor allem am Anfang des Jahres, doch viel auf konservierte oder gefrorene Ware zurückgreifen.

Auch damit entstehen schöne Gerichte, nur ein paar Beispiele aus den folgenden Seiten: „Kräuterfalafel mit Tomatenmarmelade" (siehe S. 184) oder – mit ein bisschen Exotik aufgefrischt – „Geschmorte rote Zwiebel mit Passionsfrucht" (siehe S. 122) oder einfach einen „Blauschimmelkäse-Risotto mit Blattgold" (siehe S. 170) für die Winterseele. Es gibt keinen Grund, im Winter auf vegetarische Küche zu verzichten.

Wenn allerdings im März/April die ersten Bärlauchblätter den Frühling ankündigen … aber das habe ich ja oben schon geschildert.

Was an dieser Jahreszeitenreise hoffentlich deutlich wird, ist vielleicht einer meiner größten Anreize, vegetarisch zu kochen: Es wird nicht langweilig. Ich bin schon durch die äußeren Umstände „gezwungen", mir immer wieder etwas Neues einfallen zu lassen. Einen Teil dieser Ideen finden Sie in diesem Buch. Die Welt von Gemüse, Obst, Kräutern, Pasta, Kartoffeln, Graupen, Linsen, Schokolade und Käse ist unendlich und verführerisch. Sie ist knackig und cremig, frisch und fett, süß und sauer, manchmal ein bisschen bitter und manchmal auch ganz schön scharf. Und wenn unsere für Geschmack und Geruch zuständigen Sinneszellen gut zusammenarbeiten, dann bedeutet diese Welt einen unvergleichlichen Hochgenuss.

GENUSSPARFÜMS HERSTELLEN

Um es gleich vorwegzunehmen: Meine Genussparfüms sind eine Art Zwitter aus Parfüm und Schnaps. Was ihnen zum Schnaps fehlt, ist der genießbare Geschmack. Was ihnen für ein normales Parfüm fehlt, ist vor allem die Langlebigkeit des Dufts, die noch einmal sehr viel mehr Technik erfordert, als ich es für meine Düfte benötige. Denn meine Parfüms sollen ja nicht auf der Haut erhalten bleiben, sondern schnell einen bestimmten Duft vermitteln und so das Gehirn auf den folgenden Geschmack vorbereiten.

Da also meine Anforderungen gar nicht so hoch sind, ist der Prozess recht einfach zu erklären. Das Schwierigste ist, herauszufinden, welche Produkte sich eignen, welche Gerüche daraus entstehen (die ja angenehm sein sollen) und mit welchen Konzentrationen man arbeiten muss.

Zum Prozess: Ich lege das Produkt in 96-prozentigen Alkohol ein, den man beim Schnapsbrenner oder in der Apotheke bekommt. Dabei ist es besser, das Produkt zu mixen, bevor es in den Alkohol gelegt wird, da sich die ätherischen Öle so besser im Alkohol auflösen können. Im Alkoholbad verbleibt das Produkt einige Wochen. Die Dauer ist unterschiedlich. Ingwer benötigt beispielsweise vier bis sechs Wochen, Dill nur drei.

Nach dem Einlegen siebe ich das Produkt so aus, dass nur noch die Flüssigkeit übrig bleibt. Diese destilliert dann bei 76 bis 81 Grad im Glasbehälter des Rotationsverdampfers. Bei diesen Temperaturen löst sich der Alkohol am besten. Er steigt in den Zylinder auf. Durch die Abkühlung dort wird er wieder flüssig und tropft als Grundprodukt in einen kleineren Glasbehälter.

Dieses Grundprodukt hat nun einen Alkoholanteil von 75 bis 80 Prozent. Für ein Parfüm wäre das zu intensiv. Also löse ich es in Wasser auf, bis die Flüssigkeit noch einen Alkoholgehalt von 20 Prozent als Träger hat. Diese Flüssigkeit fülle ich in einen Parfümzerstäuber. Sprühe ich sie nun auf ein Riechstäbchen oder Papier, verfliegt der Alkohol und übrig bleibt der Duft. Die so entstandenen Parfüms halten sich gut ein bis zwei Jahre, wenn sie richtig, das heißt kühl und dunkel, gelagert werden. Bei Raumtemperatur rauchen sie aus – auch wenn sie sich in einem verschlossenen Behälter befinden. In meinem Duftkeller habe ich inzwischen etwa 140 Parfüms – meine Schatzkammer.

Wichtig sind natürlich die Ausgangsprodukte. Sie müssen eine sehr hohe Qualität haben. Ein Kohlrabi beispielsweise muss ganz frisch sein – und trotzdem hält das Parfüm den Duft nicht lange angenehm. Es funktioniert eben nicht alles. Und möchte ich beispielsweise den Duft von Schokolade als Parfüm, muss ich mit der Kakaobohne arbeiten, nicht mit der fertigen Schokolade. Denn diese kann, weil sie Butter enthält, definitiv nicht zu einem gut riechenden Parfüm umgewandelt werden. Der Alkohol zersetzt sie und das Parfüm wird breiig und ungenießbar.

Genussparfüms zu Hause selbst machen

Ich werde von meinen Gästen oft gefragt, ob sie solche Parfüms zu Hause selbst herstellen könnten. Davon rate ich ab, es sei denn, jemand möchte sich ein neues, zeitintensives Hobby zulegen. Obwohl ich am Anfang in Siegfried Herzog einen tollen Lehrmeister hatte, hat es wirklich lange gedauert, bis die Ergebnisse so waren, wie ich sie mir vorgestellt hatte. Und ich lerne noch immer dazu. Meine Empfehlung lautet daher: Statt sich mühsam in dieses Thema einzuarbeiten, einfach mit den Produkten selbst arbeiten – darauf gehe ich auch immer wieder bei den Rezepteinführungen in diesem Buch ein. Versuchen Sie außerdem nicht, zu jedem Gang einen Duft zu finden, das überfordert Ihre Geruchsnerven und die Ihrer Gäste – auch das habe ich nach der ersten Begeisterung für dieses Thema gelernt.

Entscheiden Sie sich lieber für die intensivsten Düfte, dann ist das Ergebnis, besonders für Ungeübte, beeindruckender. Und noch ein kleiner Tipp: Das alles funktioniert nicht an Orten, an denen zu viele andere Gerüche vorherrschen. Sitzen beispielsweise im Hochbetrieb Gäste am sogenannten „Küchentisch", der sich unmittelbar neben der Küche und ihren Düften befindet, dann kann ich nur eine Duftprobe am Anfang machen. Ebenso sind sehr intensive Parfüms (der Gäste) für diesen Prozess eher störend.

Aber Sie müssen ja auch nicht alles zu Hause ausprobieren, kommen Sie einfach ins Schloss Prielau und erleben Geschmack und Duft ganz entspannt. Dafür sind wir da.

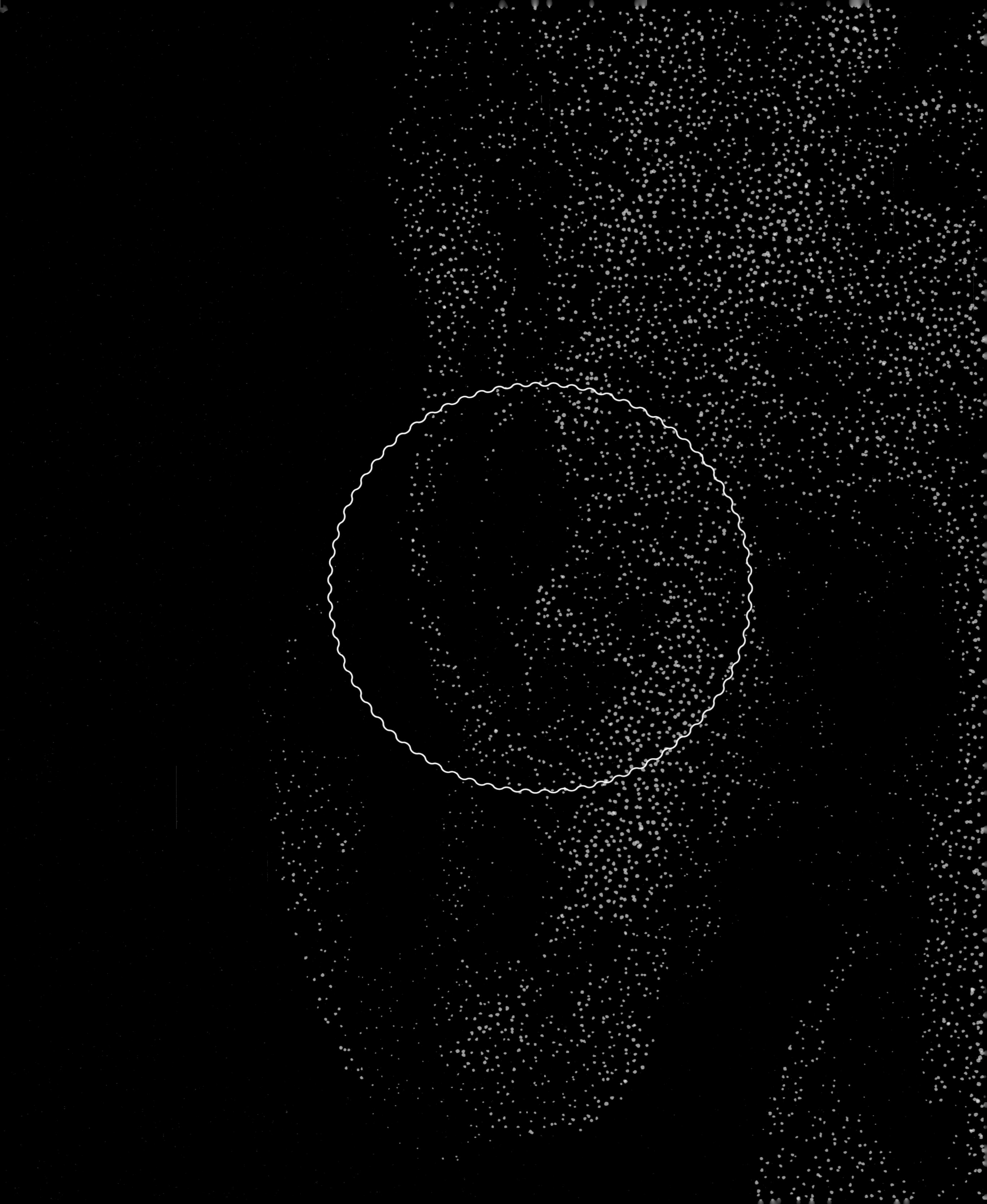

VORRATSSCHRANK

GEMÜSEBRÜHE

ERGIBT CA. 1 LITER:
2 Karotten
1 Schalotte
1 Stange Lauch
2 Stangen Staudensellerie
3 Lorbeerblätter
½ TL Pfefferkörner
1 TL Salz
1 Bund Petersilie
½ Bund Dill
100 ml trockener Weißwein
Saft von 1 Zitrone
900 ml Wasser

Das Gemüse putzen, bei Bedarf schälen und in kleine Stücke schneiden. Zusammen mit Gewürzen, Kräutern, Weißwein, Zitronensaft und dem Wasser aufkochen und bei kleiner Hitze etwa 30 Minuten köcheln lassen. Anschließend durch ein feines Sieb passieren und mit Salz und Pfeffer abschmecken.

Tipp: Die hier im Vorratsschrank aufgeführten Brühen, Fonds und Schäume lassen sich problemlos vorbereiten und entweder einwecken oder einfrieren. Vor dem Gebrauch einfach wieder erwärmen.

BLUMENKOHL-CREMESUPPE

2 Schalotten
300 g Blumenkohl
30 g Butter
50 ml Weißwein
250 ml Gemüsebrühe (siehe links)
100 ml Milch
250 g Sahne
Muskatnuss
Saft von 2 Zitronen

Schalotten schälen und in kleine Würfel schneiden. Den Blumenkohl von Grün sowie Strunk befreien und in große Röschen teilen. Die Butter in einem Topf erhitzen und Schalotten sowie Blumenkohl darin anschwitzen. Mit Weißwein ablöschen und verdampfen lassen. Mit Brühe auffüllen und den Kohl weich kochen. Milch und Sahne zugießen und etwa 10 Minuten leicht köcheln. Mit dem Pürierstab sehr fein mixen und die Suppe mit Salz, Pfeffer, Muskatabrieb und Zitronensaft abschmecken.

PILZESSENZ

4 Schalotten
500 g gemischte Pilze
1 EL Sonnenblumenöl
125 ml Madeira
125 ml Sherry
1 l Gemüsebrühe (siehe links)
4 Petersilienstängel
250 g Eiweiß

Schalotten schälen und würfeln. Die Pilze säubern und zusammen mit den Schalotten in einem Topf mit Sonnenblumenöl goldbraun anbraten. Mit Madeira und Sherry ablöschen und so lange reduzieren, bis der Alkohol verdampft ist. Mit der Brühe aufgießen und Petersilienstängel beigeben. Etwa 30 Minuten ziehen lassen, dann durch ein feines Tuch passieren. Abkühlen lassen und mit dem Eiweiß verquirlen. Alles sanft wieder erhitzen, sodass das Eiweiß langsam an der Oberfläche stockt. Erneut durch ein Tuch passieren und die Essenz mit Salz und Pfeffer abschmecken.

PILZSCHAUM

1 Schalotte
150 g gemischte Pilze
1 EL Sonnenblumenöl
125 ml Weißwein
125 ml Sherry
100 ml Gemüsebrühe (siehe S. 24)
100 g Sahne
Cayennepfeffer

Schalotte schälen und in Scheiben schneiden. Die Pilze säubern und etwas zerkleinern. Schalotte und Pilze in einem Topf mit Sonnenblumenöl anschwitzen, dann mit Weißwein und Sherry ablöschen. So lange reduzieren, bis der Alkohol verdampft ist. Mit Gemüsebrühe auffüllen und die Pilze weich kochen. Die Sahne zugießen und alles im Standmixer pürieren. Anschließend durch ein feines Sieb passieren und mit Cayennepfeffer, Salz und Pfeffer abschmecken. Kurz vor dem Servieren mit dem Pürierstab schaumig aufschlagen.

STEINPILZSCHAUM

1 Schalotte
150 g Steinpilze
1 EL Sonnenblumenöl
125 ml Weißwein
125 ml Sherry
100 ml Gemüsebrühe (siehe S. 24)
100 g Sahne
Cayennepfeffer

Schalotte schälen und in Scheiben schneiden. Die Steinpilze säubern und etwas zerkleinern. Schalotte und Pilze in einem Topf mit Sonnenblumenöl anschwitzen, dann mit Weißwein und Sherry ablöschen. So lange reduzieren, bis der Alkohol verdampft ist. Mit Gemüsebrühe auffüllen und die Pilze weich kochen. Die Sahne zugießen und alles im Standmixer pürieren. Anschließend durch ein feines Sieb passieren und mit Cayennepfeffer, Salz und Pfeffer abschmecken. Kurz vor dem Servieren mit dem Pürierstab schaumig aufschlagen.

BLUMENKOHL-SCHAUM

1 Schalotte
½ Blumenkohl
1 EL Sonnenblumenöl
125 ml Weißwein
100 ml Gemüsebrühe (siehe S. 24)
100 g Sahne
Cayennepfeffer

Schalotte schälen und in Scheiben schneiden. Den Blumenkohl von Grün sowie Strunk befreien und in Röschen trennen. Sonnenblumenöl in einem Topf erhitzen, die Schalotte zusammen mit dem Blumenkohl darin anschwitzen und mit Weißwein ablöschen. Reduzieren, bis der Alkohol verdampft ist, dann mit Gemüsebrühe auffüllen. Wenn das Gemüse weich ist, die Sahne zugießen und alles im Standmixer pürieren. Durch ein feines Sieb passieren und mit Cayennepfeffer, Salz und Pfeffer abschmecken. Kurz vor dem Servieren mit dem Pürierstab schaumig aufschlagen.

PORTWEIN-SCHAUM

10 Champignons
1 Schalotte
1 Stange Staudensellerie
1 EL Sonnenblumenöl
150 ml weißer Portwein
80 ml Noilly Prat
300 g Sahne
Zitronensaft
Zucker
Cayennepfeffer

Champignons, Schalotte und Staudensellerie putzen und klein schneiden. In einem Topf Sonnenblumenöl erhitzen und das Gemüse darin leicht anschwitzen, ohne Farbe zu geben. Mit Portwein und Noilly Prat ablöschen und langsam einkochen. Wenn die Flüssigkeit fast verdampft ist, mit Sahne aufgießen und kurz aufkochen lassen, dann mit Zitronensaft, Zucker, Cayennepfeffer und Salz abschmecken und passieren. Kurz vor dem Servieren mit dem Pürierstab schaumig aufschlagen.

SELLERIESCHAUM

1 Schalotte
5 Champignons
½ Knollensellerie
1 EL Sonnenblumenöl
125 ml Weißwein
100 ml Gemüsebrühe (siehe S. 24)
100 g Sahne
Cayennepfeffer

Schalotte schälen und in Scheiben schneiden. Die Champignons säubern und vierteln. Den Sellerie schälen und in 2 cm große Stücke schneiden. Sonnenblumenöl in einem Topf erhitzen, die Schalotte zusammen mit Pilzen und Sellerie darin anschwitzen und mit Weißwein ablöschen. Reduzieren, bis der Alkohol verdampft ist, dann mit Gemüsebrühe auffüllen. Wenn das Gemüse weich ist, die Sahne zugießen und alles im Standmixer pürieren. Durch ein feines Sieb passieren und mit Cayennepfeffer, Salz und Pfeffer abschmecken. Kurz vor dem Servieren mit dem Pürierstab schaumig aufschlagen.

SENFSCHAUM

2 Schalotten
2 Champignons
1 Stange Staudensellerie
1 EL Sonnenblumenöl
100 ml Gemüsebrühe (siehe S. 24)
150 g Sahne
80 g Dijonsenf
80 g mittelscharfer Senf
80 g Pommerysenf
weißer Balsamicoessig
Zucker
50 g Crème fraîche

Schalotten schälen und in feine Streifen schneiden. Champignons säubern und zusammen mit dem Sellerie klein würfeln. Sonnenblumenöl in einem Topf erhitzen und Schalotten, Champignons und Sellerie darin anschwitzen. Mit Gemüsebrühe aufgießen und auf die Hälfte reduzieren. Sahne, Dijon- und mittelscharfen Senf zugeben, aufkochen und durch ein Sieb passieren. Pommerysenf untermischen, mit Balsamico, Zucker und Salz abschmecken und mit Crème fraîche verfeinern. Kurz vor dem Servieren mit dem Pürierstab schaumig aufschlagen.

MEERRETTICHSCHAUM

10 Champignons
1 Schalotte
1 Stange Staudensellerie
1 EL Sonnenblumenöl
50 ml Weißwein
80 ml Noilly Prat
200 g Sahne
2 EL Sahnemeerrettich
Zucker
Cayennepfeffer
etwas Zitronensaft

Champignons säubern, Schalotte schälen. Beides mit dem Sellerie klein schneiden. Sonnenblumenöl in einem Topf erhitzen und das Gemüse darin leicht anschwitzen, ohne Farbe zu geben. Mit Weißwein und Noilly Prat ablöschen und langsam reduzieren. Wenn die Flüssigkeit fast verdampft ist, mit Sahne aufgießen und den Sahnemeerrettich zugeben. Kurz aufkochen, dann mit Zucker, Cayennepfeffer, Zitronensaft und Salz abschmecken und durch ein feines Sieb passieren. Kurz vor dem Servieren mit dem Pürierstab schaumig aufschlagen.

SPARGELSCHAUM

100 g weißer Spargel
2 Schalotten
40 g Butter
20 ml Weißwein
50 ml Spargelfond (siehe S. 168)
50 g Sahne
etwas Zitronen- und Orangensaft
Zucker

Spargel und Schalotten schälen, putzen und in 1 cm große Stücke schneiden. Die Butter in einem Topf zerlassen und Spargel und Schalotten darin anschwitzen. Mit Weißwein ablöschen, reduzieren und mit dem Spargelfond aufgießen. Auf die Hälfte einkochen, dann mit Sahne auffüllen. Wenn der Spargel weich ist, alles im Standmixer pürieren und durch ein feines Sieb passieren. Mit etwas Zitronen- und Orangensaft, Zucker und Salz abschmecken. Kurz vor dem Servieren mit dem Pürierstab schaumig aufschlagen.

PETERSILIEN-SCHAUM

1 Schalotte
5 Champignons
1 kleine Petersilienwurzel
1 EL Sonnenblumenöl
125 ml Weißwein
100 ml Gemüsebrühe (siehe S. 24)
100 g Sahne
Cayennepfeffer
1 EL Petersilienmatte (siehe S. 34)

Die Schalotte schälen und in Scheiben schneiden. Die Champignons säubern und vierteln. Die Petersilienwurzel schälen und in 2 cm große Stücke schneiden. Schalotte zusammen mit Pilzen und Petersilienwurzel in einem Topf in Sonnenblumenöl anschwitzen und mit Weißwein ablöschen. Reduzieren, bis der Alkohol vollkommen verdampft ist, dann mit Gemüsebrühe auffüllen. Wenn die Zutaten weich sind, Sahne zugießen und alles im Standmixer pürieren. Anschließend durch ein feines Sieb passieren und mit Cayennepfeffer, Salz, Pfeffer sowie der Petersilienmatte abschmecken. Kurz vor dem Servieren mit dem Pürierstab schaumig aufschlagen.

NUDELTEIG

3 Eigelb
2 Eier
300 g Mehl
1 TL Olivenöl

Alle Zutaten mit etwas Salz in eine Rührschüssel geben und in der Küchenmaschine mit dem Knethaken verkneten.
Den Teig in Frischhaltefolie wickeln und 1 Stunde im Kühlschrank ruhen lassen.
Für gelben Nudelteig 1 TL Kurkuma, für grünen Nudelteig 5 EL Spinatsaft und für roten Nudelteig 3 EL Rote-Bete-Saft unterkneten.

FOCACCIA MIT ROSMARIN UND OLIVENÖL

6 Zweige Rosmarin
300 ml Wasser
1 Würfel Hefe (à 42 g)
ca. 550 g Mehl, plus mehr zum Arbeiten
Meersalz
120 ml Olivenöl

Rosmarin waschen, trocken tupfen, Nadeln von den Zweigen zupfen und fein hacken. Das Wasser leicht erwärmen, Hefe hineinbröckeln und darin auflösen. Mehl, 1 TL Meersalz, die Hälfte des Rosmarins, 4 EL Olivenöl und angerührte Hefe mit den Knethaken des Handrührgeräts schnell zu einem glatten Teig vermengen. Bei Bedarf esslöffelweise mehr Mehl einarbeiten. Abgedeckt an einem warmen Ort etwa 30 Minuten gehen lassen.
Den Backofen auf 200 °C (Ober-/Unterhitze) vorheizen. Den Teig erneut durchkneten, dann auf der bemehlten Arbeitsfläche rechteckig (ca. 10 cm x 20 cm) ausrollen. Ein Backblech mit Backpapier auslegen und den Teig daraufgeben. Mit einem Finger Löcher hineindrücken, erneut abdecken und 10 Minuten ruhen lassen.
Den Teig mit 4 EL Öl beträufeln, mit Meersalz und übrigem Rosmarin bestreuen. In den Ofen schieben, großzügig mit Wasser besprühen und 10–15 Minuten goldbraun backen. Herausnehmen, nochmals mit ca. 2 EL Öl beträufeln, mit einem Geschirrtuch abdecken und auskühlen lassen.

TRÜFFEL-MADEIRA-BUTTER

70 g Trüffel (La Bilancia)
10 ml Sonnenblumenöl
50 ml roter Portwein
80 ml Madeira
100 ml Trüffelfond (siehe S. 35)
150 ml Gemüsebrühe (siehe S. 24)
etwas Speisestärke zum Binden
50 g Butter
Zitronensaft

Den Trüffel in feine Würfel schneiden. Sonnenblumenöl erhitzen und den Trüffel darin anschwitzen. Mit Portwein und Madeira ablöschen, einkochen und mit Trüffelfond und Gemüsebrühe aufgießen. Auf die Hälfte reduzieren, dann mit etwas angerührter Stärke binden. Mit Butter verfeinern und mit Zitronensaft, Salz und Pfeffer abschmecken.

GEKLÄRTE BUTTER

250 g Butter

Die Butter in einem Topf bei mäßiger Hitze erwärmen, dann 30 Minuten leicht köcheln lassen, ohne sie zu bräunen. Den Schaum abschöpfen und Butter durch ein Passiertuch oder feines Sieb in ein Schraubglas füllen.

RUCOLA-PETERSILIEN-PESTO

100 g TK-Blattspinat
80 g Pinienkerne
80 g Bergkäse
30 g Basilikum
40 g Blattpetersilie
30 g Rucola
2 kleine Knoblauchzehen
500 ml Olivenöl

Gefrorenen Spinat 2 Stunden bei Raumtemperatur auftauen lassen und kräftig ausdrücken. Die Pinienkerne in einer Pfanne ohne Fett rösten und abkühlen lassen. Den Bergkäse in grobe Stücke schneiden. Basilikum, Blattpetersilie und Rucola von den Stängeln befreien. Alle Zutaten außer das Öl im Mixer grob zerkleinern. Nach und nach das Olivenöl zugießen. Wenn eine homogene Masse entstanden ist, mit Salz und Pfeffer würzen.

Tipp: Pesto kühl und dunkel lagern, am besten nicht in Gläsern, sondern in Tongefäßen.

PETERSILIENMATTE

3 Bund Petersilie

Die Petersilie waschen und von den Stielen befreien. In einem Topf in kochendem Salzwasser wenige Minuten blanchieren, bis die Petersilie weich ist. In Eiswasser abschrecken, sodass die grüne Farbe erhalten bleibt. Vier- bis fünfmal durch die mittlere Scheibe des Fleischwolfs drehen, dann im Mixer sehr fein pürieren. Mithilfe eines feinen Passiertuchs die ganze Flüssigkeit aus dem Püree drücken. Die Petersilienmatte sofort nach Wunsch verwenden oder vakuumiert kühl und dunkel bis zu 2 Wochen aufbewahren.

TRÜFFELFOND

800 g gemischte Pilze
3 Schalotten
2 Knoblauchzehen
20 ml Sonnenblumenöl
50 ml Weißwein
50 ml Sherry
50 ml Madeira
500 ml Gemüsebrühe (siehe S. 24)
50 ml Sojasauce
15 ml Worcestershiresauce
40 ml Trüffeljus (Plantin)

Pilze säubern und vierteln. Schalotten und Knoblauch schälen und in grobe Stücke schneiden. Pilze, Schalotten und Knoblauch mit etwas Sonnenblumenöl in einem mittleren Topf anbraten, bis die Schalotten glasig sind und das austretende Wasser aus den Pilzen verdampft ist. Mit Weißwein, Sherry und Madeira ablöschen und einkochen lassen. Mit Gemüsebrühe, Sojasauce und Worcestershiresauce aufgießen. Bei mittlerer Hitze 45 Minuten reduzieren, anschließend langsam durch ein feines Sieb passieren und die Trüffeljus unterrühren.

LÄUTERZUCKER

500 g Zucker
500 ml Wasser

Zucker und Wasser in einem Topf erwärmen und verrühren, sodass sich der Zucker auflöst. Sobald die Masse kocht, 1–2 Minuten ohne zu rühren sprudelnd kochen, dann vom Herd nehmen und abkühlen lassen. In Flaschen füllen und lagern – nicht in den Kühlschrank stellen!

KUVERTÜRE TEMPERIEREN

Kuvertüre grob hacken, über dem heißen (nicht kochenden!) Wasserbad schmelzen und auf 45–50 °C erhitzen, dabei ab und an umrühren. Achtung: Es darf kein Wasser in die Schokolade gelangen! Die Kuvertüre nun bei Raumtemperatur unter regelmäßigem Rühren abkühlen:
weiße Kuvertüre auf ca. 25–26 °C
Vollmilchkuvertüre auf ca. 26–27 °C
Zartbitterkuvertüre auf ca. 28–29 °C
Nun die Kuvertüre wieder um 2 °C erwärmen und direkt verarbeiten.

Tipp: Die Arbeitsschritte und Temperaturen müssen exakt eingehalten werden, daher ist ein Thermometer unverzichtbar.

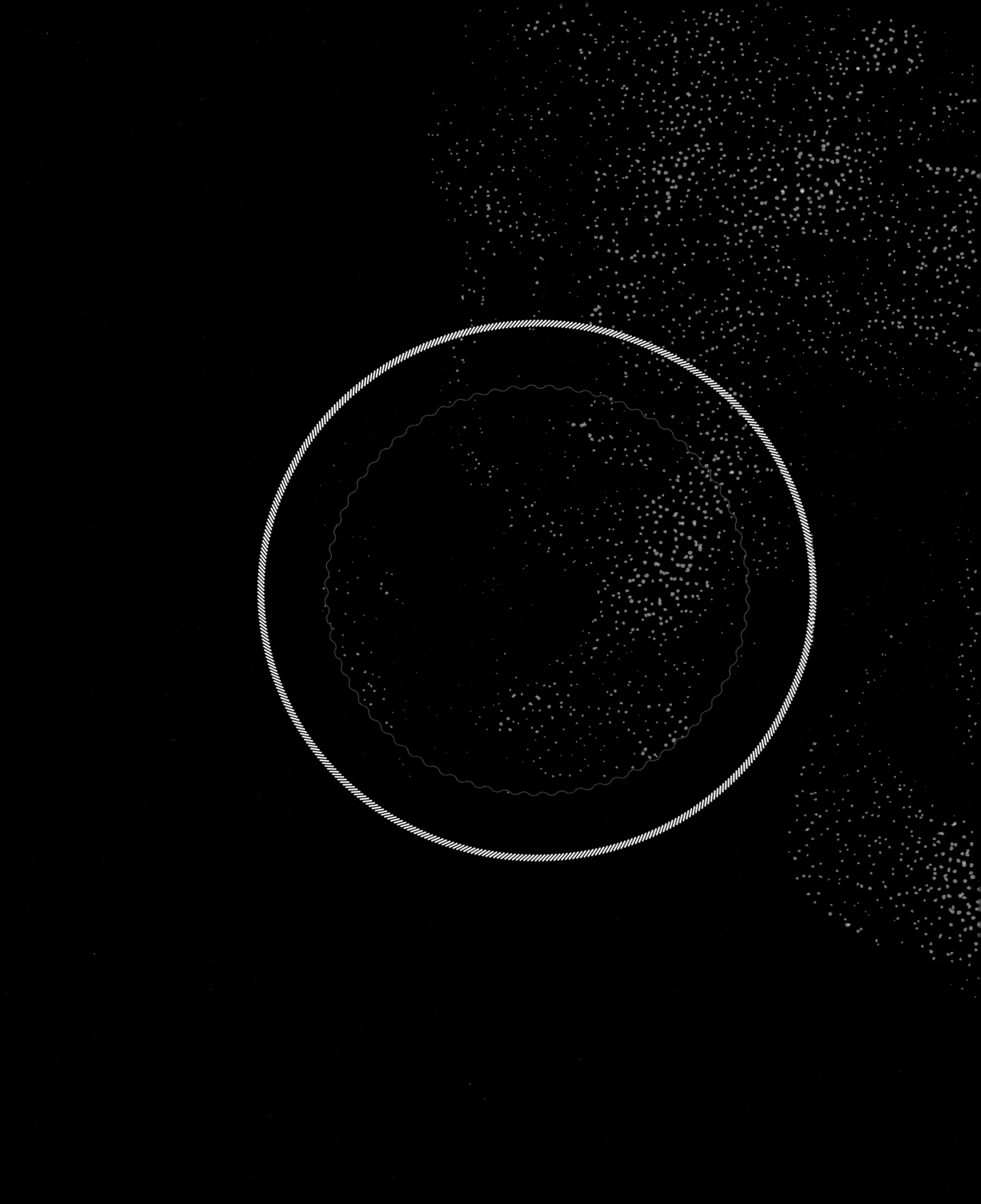

FINGERFOOD

FINGERFOOD

Die Bergkäse-Lollis passen nicht nur zum Aperitif, Sie können sie auch wunderbar als originelles Fingerfood zu einem Glas Wein reichen. Die Lollis sind durch den Käse natürlich laktisch, das Backen aber bringt „Röstaromen" hinzu und somit auch den Duft und Geschmack des Käses erst richtig zur Entfaltung.

BERGKÄSE-LOLLIS

100 g Bergkäse
10 g schwarzer Sesam

Den Backofen auf 180 °C (Ober-/Unterhitze) vorheizen. Den Bergkäse fein reiben. Holzspieße im Abstand von 8 cm auf ein mit Backpapier ausgelegtes Backblech legen und den Bergkäse mithilfe eines 4 cm großen Metallrings dünn auf die Spitze der Spieße verteilen. Den Sesam auf den Käse streuen und 5 Minuten im Ofen goldgelb backen.

Anrichten
Als Fingerfood in Gläser oder in Schieferplatten stecken.

Auch die Karotten-Ingwer-Lollis können nicht nur als Aperitif, sondern als Fingerfood serviert werden, allerdings dann eher mit einem Cocktail – oder am besten zwischen zwei Gängen.

Die süßliche Komponente der Karotte vermischt sich mit der fruchtigen Schärfe des Ingwers. Und gerade letzterer ist ein unglaublich guter „Mouth-freshener", macht also Gaumen und Nase frei für neue Aromen – und neue Gerichte.

KAROTTEN-INGWER-LOLLIS

400 g Karotten
1 Msp. Ascorbinsäure
Fleur de Sel
2 g Xanthan (Sosa)
10 g frischer Ingwer
etwas Tempuramehl
80 ml Erdnussöl

Die Karotten entsaften und 200 ml Saft abmessen. Sofort mit der Ascorbinsäure versetzen, da sich der Saft sonst verfärbt. Mit Fleur de Sel abschmecken. Xanthan unterrühren und damit die Fließfähigkeit verringern. Löffelweise auf ein mit Backpapier ausgelegtes Blech geben, Holzspieße eindrücken und sofort einfrieren.
Den Ingwer schälen und sehr fein schneiden. In Tempuramehl wälzen und in einem Sieb wieder etwas entstauben. Das Erdnussöl erhitzen, den Ingwer darin kross ausbacken, dann abkühlen lassen. Ingwer auf die angefrorenen Lollis streuen und leicht andrücken. Etwa 2 Stunden gefrieren, anschließend sofort servieren.

Anrichten
Als Fingerfood in Gläser oder in Schieferplatten stecken.

Rote Bete sorgt für einen wunderbar erdigen Geschmack. Die leicht bittere Süße der Schokolade – natürlich also keine Vollmilchschokolade – harmoniert mit dieser Erdigkeit perfekt.

Kren, dessen Grundgeschmack und Geruch ebenfalls erdig ist, bringt mit seiner Schärfe die dritte Komponente. Sein dezenter Einsatz kitzelt unsere Geschmacksnerven und macht sie dabei noch bereiter für die Symphonie von Roter Bete und Schokolade.

Hier empfehle ich als Parfüm unbedingt Schokolade. Nicht nur, da die Süße in die richtige Richtung weist, sondern auch, weil das Aroma der Schokolade sofort eine kleine Serotoninausschüttung veranlasst und damit glücklich macht.

ROTE-BETE-PRALINEN MIT SCHOKOLADE UND KREN

Rote-Bete-Pralinen

2 Blatt vegane Gelatine
100 ml Gemüsebrühe (siehe S. 24)
100 ml Rote-Bete-Saft

Die Gelatine in kaltem Wasser einweichen. Die Gemüsebrühe zusammen mit dem Rote-Bete-Saft erhitzen. Die Gelatine gut ausdrücken und in der Flüssigkeit auflösen. Silikon-Halbkugelformen mit der Masse ausgießen und im Kühlschrank kalt stellen.
Die gelierten Halbkugeln aus der Form drücken, die flachen Seiten mit einer warmen Palette kurz anschmelzen, dann je zwei Halbkugeln zu einer Kugel fest zusammensetzen.

Anrichten

1 Stück Meerrettichwurzel (Kren)
1 Stück Zartbitterschokolade
kleine Minzeblättchen

Die Meerrettichwurzel schälen. Mit einem Messer Späne sowohl vom Meerrettich als auch von der Schokolade abschaben und kalt stellen. Die Rote-Bete-Pralinen mit Meerrettich- und Schokoladenspänen bestreuen. Mit kleinen Minzeblättchen ausgarnieren. Als Fingerfood auf Schieferplatten servieren.

Natürlich ist die Hauptkomponente – die selbst gemachte Mayonnaise – laktisch, durch die Zubereitung mit Senf und Cayennepfeffer aber gleichzeitig würzig. Der Kerbel bringt einen Frischekick und das Knäckebrot seine Röstaromen mit.

Das Knäckebrot hat jedoch noch eine andere Funktion. Denn bei der Komposition eines Gerichts gilt es ja nicht nur, Geschmäcker und Aromen zu kombinieren, sondern auch, ein spannendes Mundgefühl zu schaffen. Und das gelingt durch unterschiedliche Konsistenzen. Das Knäckebrot bringt hier ganz wortwörtlich den „Knack" in das Gericht.

HAUSGEMACHTES KNÄCKEBROT MIT BUTTERMAYONNAISE UND KERBEL

Knäckebrot

30 g Butter
125 g griffiges Mehl
60 ml lauwarmes Wasser
8 g Sesam
8 g Leinsamen
8 g Kürbiskerne

Die Butter schmelzen und mit den restlichen Zutaten zu einem glatten Teig verkneten. Etwa 3 Stunden im Kühlschrank ruhen lassen.
Den Backofen auf 250 °C (Ober-/Unterhitze) vorheizen. Den Teig mit einem Nudelholz zwischen zwei Lagen Backpapier so dünn ausrollen, dass Samen und Kerne brechen. Auf ein mit Backpapier ausgelegtes Blech geben und im Ofen 5 Minuten backen. Danach sofort vom Blech nehmen und noch heiß in die gewünschte Größe schneiden. Zum Schluss mit dem Stil eines Holzkochlöffels halbrund biegen und erkalten lassen.

Buttermayonnaise

1 Eigelb
2 TL mittelscharfer Senf
1 TL Zucker
1 EL weißer Balsamicoessig
Cayennepfeffer
125 g geklärte Butter (siehe S. 34)

Eigelb, Senf, Zucker, Essig, etwas Cayennepfeffer sowie eine Prise Salz gut verrühren, dann mit dem Pürierstab die geklärte Butter langsam unter die Masse mixen. Die fertige Mayonnaise in einen Spritzbeutel füllen und kühl stellen.

Anrichten

Kerbel

Die Buttermayonnaise auf die geformten Knäckebrotstreifen dressieren und mit gezupftem Kerbel garnieren. Als Fingerfood auf Schieferplatten servieren.

Ich werde oft gefragt, ob blaue Kartoffeln anders schmecken. Nein. Blaue Kartoffeln haben keinen „blauen“ Geschmack. Kartoffelsorten schmecken leicht unterschiedlich, vor allem, wenn man einmal wirklich darauf achtet. Der größte Unterschied besteht zwischen fest- und mehligkochenden. Nicht nur in der eigenen Konsistenz, sondern auch in ihrem Verhalten zu Saucen: während mehligkochende diese aufsaugen, verbinden sich festkochende Kartoffeln kaum mit ihnen.

Laktisch (Butter und ein Tupfer Crème fraîche) und pflanzlich (die Kartoffel) vertragen und unterstützen sich immer sehr. Die Kartoffel ist hier wie eine Krokette zubereitet, geteilt und mit der blauen Kartoffelscheibe ergänzt. Crème fraîche und ein wenig Kresse geben noch etwas Frische dazu (ohne starke Eigenaromen).

BLAUE KARTOFFELSCHEIBEN MIT GEBACKENER KARTOFFELKUGEL

400 g kleine blaue Kartoffeln
15 g Eigelb
10 g weiche Butter
15 g doppelgriffiges Mehl
Muskatnuss
1 Ei
2 EL Mehl
2 EL Semmelbrösel
Sonnenblumenöl
1 EL weißer Balsamicoessig

Kartoffeln

Den Backofen auf 100 °C (Ober-/Unterhitze) vorheizen. Die Kartoffeln gründlich abbürsten, in Salzwasser gar kochen und pellen. Zehn der Kartoffeln 15 Minuten ausdampfen lassen, dann auf ein Backblech geben und für 30 Minuten in den Ofen schieben. Anschließend durch ein feines Sieb streichen, mit Eigelb, Butter und doppelgriffigem Mehl zügig vermengen und mit Muskatabrieb, Salz und Pfeffer würzen. 1 Stunde ruhen lassen. Den Kartoffelteig in sechs Portionen teilen, zu Kugeln rollen und zweimal panieren. Dafür Kugeln in Mehl rollen, in verquirltes Ei tauchen und dann in Semmelbröseln wenden. In einer Pfanne in ausreichend 180 °C heißem Öl etwa 4–5 Minuten goldbraun ausbacken.
Für die Kartoffelscheiben die restlichen Kartoffeln ausstechen und in 2–3 mm dicke Scheiben schneiden. Mit Essig, 1 EL Sonnenblumenöl, Salz und Pfeffer marinieren und bei Raumtemperatur etwa 30 Minuten durchziehen lassen.

Crème fraîche
gebackene Kartoffelstücke (nach Belieben)
Kresse

Anrichten

Zwei marinierte Kartoffelscheiben auf Schiefer anrichten. Auf eine Scheibe eine ganze, auf die andere eine halbierte Kartoffelkugel geben. Etwas Crème fraîche mit dem Spritzbeutel auf die Halbkugel dressieren und nach Belieben mit gebackenen Kartoffelstückchen sowie Kresse ausgarnieren.

Wie bei der blauen Kartoffel beschrieben (siehe S. 47), ist der Unterschied zwischen fest- und mehligkochenden Kartoffeln bei der Zubereitung wichtig. Für diese Variationen müssen es festkochende Kartoffeln sein – sonst bieten sie den Füllungen keinen Halt.

Karotte und Knollensellerie harmonieren perfekt zur Kartoffel in ihrer Erdigkeit und ergeben ein cremiges Mundgefühl. Der Wodka sorgt nicht nur für eine Überraschung im Mund, sondern erfrischt mit seiner leichten Wacholdernote auch Geschmacksknospen und Geruchssinneszellen. Die dritte Füllung mit Quark, Kräutern und einem Spritzer Zitronensaft beruhigt den Gaumen durch ihre Klassik und die laktische Komponente des Quarks – perfekter Wohlgeschmack.

DREIERLEI KARTOFFELN

12 festkochende La Ratte Kartoffeln (franz. Sorte)
1 kleine Karotte
1 kleine gelbe Karotte
½ Knollensellerie
Saft von ½ Zitrone
1 EL alter Balsamicoessig
Olivenöl
80 ml Wodka
1 EL Crème fraîche
2 EL Quark (20 % Fett)
2 EL frisch geschnittene Kräuter (Petersilie, Schnittlauch, Kerbel, Dill, Minze, Estragon)

Die Kartoffeln in Salzwasser weich kochen, dann abgießen, ausdampfen lassen und pellen. Je eine Seite der Kartoffeln anschneiden, sodass sie von selbst stehen bleiben. Auf der anderen Seite einen Deckel abschneiden, die Kartoffeln mit einem Kugelausstecher vorsichtig aushöhlen und beiseitestellen.
Karotten und Sellerie schälen und in feine Würfel schneiden. In einem Topf mit kochendem Salzwasser blanchieren, dann in Eiswasser abschrecken und auf Küchenpapier gut abtropfen. In einer Schüssel mit der Hälfte des Zitronensafts, Balsamico, etwas Olivenöl sowie Salz und Pfeffer kräftig abschmecken und die Füllung auf vier Kartoffeln verteilen.
Weitere vier Kartoffeln mit je 20 ml Wodka füllen, mit dem Deckel schließen und mit etwas Crème fraîche garnieren.
Für die letzten vier Kartoffeln den Quark mit Kräutern, dem restlichen Zitronensaft und etwas Olivenöl gut verrühren. Mit Salz und Pfeffer abschmecken und in die übrigen Kartoffeln füllen.

Kräuter nach Saison
gebackene Kartoffelscheiben
Blüten

Anrichten
Von jeder gefüllten Kartoffelart ein Exemplar in einer Reihe auf Schiefer anrichten und mit saisonalen Kräutern, gebackenen Kartoffelscheiben und Blüten garnieren.

Die erdige Rote Bete wird durch den laktischen Frischkäse (in dem auch noch Zitrone verarbeitet ist) erfrischt.

Rote-Bete-Kaviar, eine Leihgabe aus der Molekularküche, sorgt für ein knackiges Mundgefühl im Gegensatz zur Cremigkeit des restlichen Türmchens. Rote Bete und Frischkäse, die in ihrer Komposition schon fast zu harmonisch sind, finden durch den Estragon eine spannende Abrundung.

FRISCHKÄSE-ROTE-BETE-TÜRMCHEN MIT ROTE-BETE-KAVIAR

Rote Bete, Brot und Frischkäse

2 Rote Beten
Zucker
Kümmel
1 kleines Bauernbrot
Olivenöl
2 Blatt vegane Gelatine
100 g Frischkäse
Saft von 1 Zitrone

Rote Beten in einem Topf mit Salzwasser, einer Prise Zucker und Kümmel weich kochen, dann herausnehmen und schälen. In 7 mm dicke Scheiben schneiden und mit einem runden Ausstecher (4 cm Durchmesser) Kreise ausstechen.

Das Bauernbrot in 5 mm dicke Scheiben schneiden und mit demselben Ausstecher Kreise ausstechen. In einer Pfanne kurz in Olivenöl anrösten, dann herausnehmen und abtropfen lassen.

Gelatine in kaltem Wasser einweichen. Den Frischkäse in eine Schüssel geben und den Zitronensaft in einem kleinen Topf leicht erwärmen. Gelatine ausdrücken und im Zitronensaft auflösen. Mit dem Frischkäse vermengen, etwa 2 cm hoch in eine kleine Kastenform füllen und 2 Stunden im Kühlschrank erkalten lassen. Vor dem Anrichten mit dem zuvor benutzten Ausstecher in Form bringen.

Rote-Bete-Kaviar

100 ml Rote-Bete-Saft
1 g Natriumcitrat
1,4 g Natriumalginat
1050 ml Wasser
10 g Calcit

Rote-Bete-Saft, Natriumcitrat, Natriumalginat und 50 ml Wasser mit dem Pürierstab aufmixen und etwa 3 Stunden ziehen lassen.

Das Calcit in einem Behälter in 1 l Wasser auflösen und den angereicherten Rote-Bete-Saft mit einer Pipette Tropfen für Tropfen in das Wasserbad geben. Nach etwa 1 Minute den so entstandenen Kaviar mit einem kleinen Sieb aus dem Wasserbad schöpfen und unter klarem Wasser abspülen.

Anrichten

Estragonblättchen

Die Brotkreise auf eine Schiefertafel geben, Rote-Bete-Scheiben darauflegen und mit einem Frischkäsetaler abschließen. Mit Rote-Bete-Kaviar und Estragonblättchen garnieren.

BUCHWEIZEN-BURGER MIT BRIOCHE UND TRÜFFELCREME

Der Buchweizenburger ist ein tolles Amuse-Bouche oder auch eine kleine Vorspeise. Aber, obwohl er zu den Gerichten gehört, die Sie leicht nachkochen können – Vorsicht: Die Zubereitung ist zeitaufwendig.

Dieses Gericht besteht aus sehr vielen Geschmackskomponenten, die wunderbar zusammenspielen. Die Butter im Brioche ist laktisch, das Buchweizenpflanzerl erdig, die Trüffelcreme erdig und zitronig und der Ketchup fruchtig. Wobei ich wegen des Ketchups zugeben muss: Zum Burger gehören Pommes und zu Pommes eben Ketchup. Manchmal ist es auch so einfach.

Übrigens: Ich möchte mit vegetarischen Gerichten keinen „Ersatz“ für Fleischgerichte schaffen. Deswegen vermeide ich Veggi-Schnitzel und -Würste. Aber als Ideengeber dürfen Fleischgerichte schon dienen. Und der Buchweizenburger zeigt sehr schön, dass er alles andere als nur ein Ersatz ist.

30 g Buchweizen
300 ml kaltes Wasser
1 Bund Frühlingszwiebeln
2 Knoblauchzehen
150 g Quark (20 % Fett)
250 g Semmelbrösel
2 Eier
1 EL frisch geschnittene Korianderblätter
1 Msp. gemahlener Koriander
Sonnenblumenöl
Muskatnuss

Buchweizenpflanzerl

Buchweizen und 10 g Salz mit dem kalten Wasser in einen kleinen Topf geben. Aufkochen, auf mittlere Hitze zurückstellen und quellen lassen. Den Buchweizen etwa 20–30 Minuten bissfest köcheln, dann abgießen und abtropfen.

Frühlingszwiebeln putzen und in 2 mm große Streifen schneiden. Den Knoblauch mit der flachen Messerseite andrücken und fein hacken. Beides mit Quark, Semmelbröseln, Eiern, Korianderblättern, gemahlenem Koriander, 4 EL Sonnenblumenöl und dem gekochten Buchweizen in einer großen Schüssel zu einer kompakten Masse verkneten. Mit Muskatabrieb, Salz und Pfeffer abschmecken.

Die Buchweizenmasse zu sechs großen Pflanzerln (5 cm Durchmesser) formen und in einer Pfanne mit Sonnenblumenöl bei mittlerer Hitze von beiden Seiten goldbraun ausbraten.

11 g Hefe
33 ml Milch (Raumtemperatur)
150 g Mehl
2 Eier (Raumtemperatur)
1 Prise Zucker
62 g weiche Butter
1 Eigelb
20 g Sahne

Briochebuns

Hefe und Milch in einem Messbecher verrühren, bis sich die Hefe aufgelöst hat. Das Mehl in eine Rührschüssel sieben. Die Eier zum Mehl geben und in der Küchenmaschine mit dem Knethaken vermengen. Zucker, etwas Salz und Pfeffer langsam zufügen. Nach und nach das Milch-Hefe-Gemisch sowie die weiche Butter zugeben und zu einem kompakten Teig verkneten. An einem warmen Ort 30 Minuten gehen lassen.

Den Backofen auf 150 °C (Umluft) vorheizen. Eigelb und Sahne mit dem Schneebesen verquirlen. Den gegangenen Teig zu sechs Bällchen formen, auf ein mit Backpapier ausgelegtes Backblech setzen und mit der Eisahne bestreichen. Die Teigbällchen im Ofen 15 Minuten hellgolden backen.

Trüffelcreme

100 g Crème fraîche
1 EL gehackter Trüffel in Olivenöl (aus dem Glas)
1 unbehandelte Zitrone
Zucker

Crème fraîche in einer kleinen Schüssel mit dem Schneebesen glatt rühren. Den Trüffel abtropfen lassen und mit der Crème fraîche vermengen. Die Zitrone mit der Hand einmal kurz mit Druck rollen. Mit der Reibe ½ TL Zesten abraspeln, dann die Frucht halbieren und 1 TL Saft auspressen. Beides zur Trüffelcreme geben, glatt rühren und mit Zucker, Salz und Pfeffer abschmecken.

Anrichten

schwarzer Trüffel (La Bilancia)
4 große Pommes frites
etwas Ketchup

Die Brötchen aufschneiden und die untere Hälfte mit Trüffelcreme bestreichen. Gehobelten schwarzen Trüffel darauf verteilen. Ein Buchweizenpflanzerl daraufsetzen, mit mehr Trüffel belegen und die Briochebrötchen zusammenklappen. Einen Holzspieß durch den Burger stecken und mit Pommes frites sowie Ketchup finalisieren.

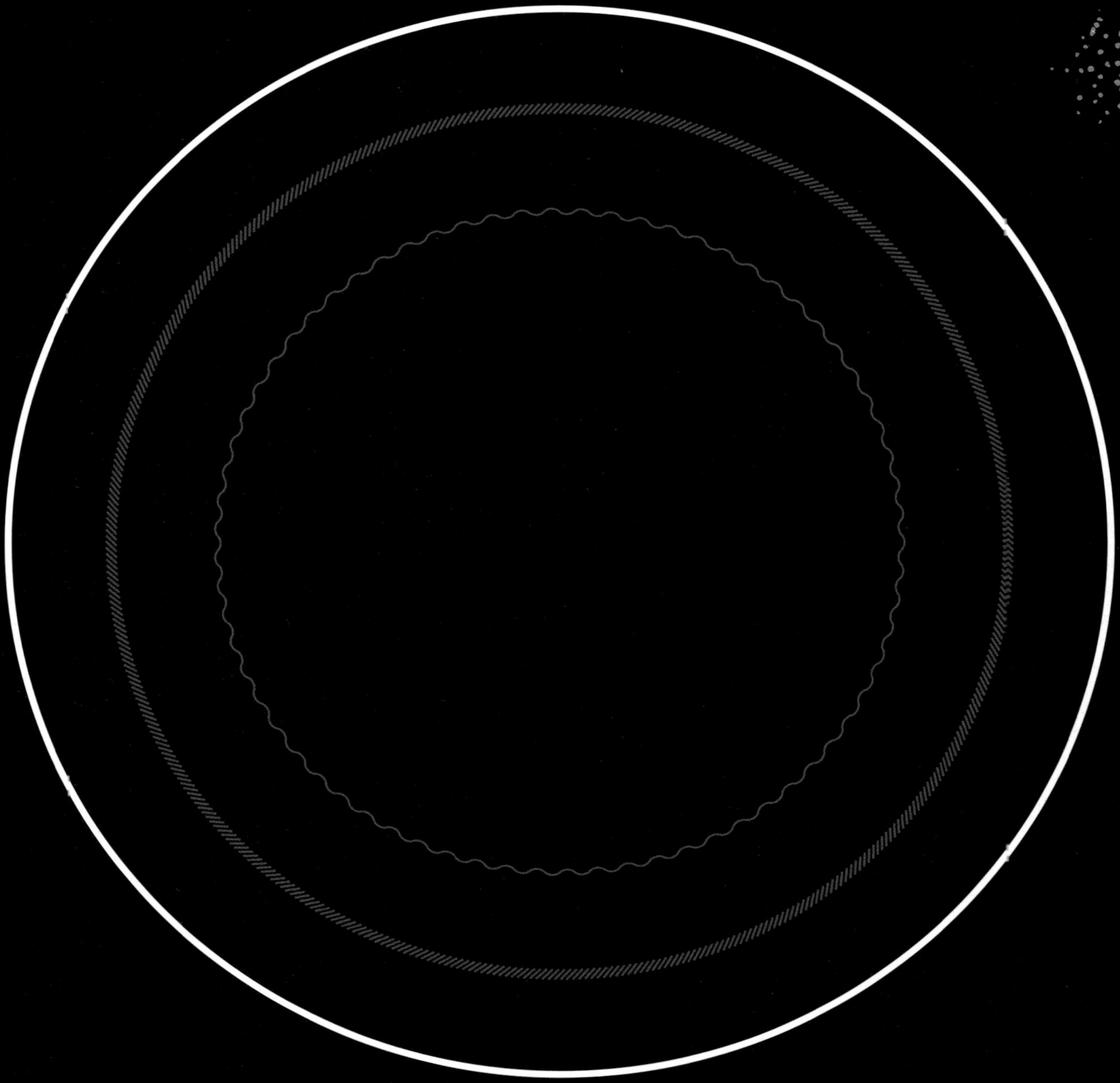

VORSPEISEN

Das besonders Spannende an diesem Gericht: Geschmack und Aroma eines Basis-Produkts, in diesem Fall Sellerie, kommen ganz anders zur Geltung, wenn es in verschiedener Weise kombiniert und in unterschiedlicher Konsistenz präsentiert wird.

Sowohl bei der Terrine als auch bei der Sülze ist der Sellerie gekocht. Bei der Sülze beißt man aber auf ganze Stücke, die in (vegetarischer) Gelatine eingelegt sind. Für die Terrine ist der Sellerie mit Sahne zu Püree verarbeitet und sorgt dadurch für ein cremiges Mundgefühl und einen kräftigen Geschmack, unterstützt durch ein wenig (echtes) Trüffelöl.

Terrine und Sülze werden abgerundet durch den erdigen Geschmack der Petersilienwurzel und des schwarzen Trüffels.

TERRINE UND SÜLZE VOM SELLERIE MIT PETERSILIENWURZELSALAT, PEKANNUSS UND SCHWARZEM TRÜFFEL

TERRINE UND SÜLZE VOM SELLERIE MIT PETERSILIENWURZELSALAT, PEKANNUSS UND SCHWARZEM TRÜFFEL

Selleriesülze

1 Knollensellerie
500 g Staudensellerie
400 ml Gemüsebrühe (siehe S. 24)
8 Blatt vegane Gelatine
15 g schwarzer Trüffel (La Bilancia)

Knollen- und Staudensellerie schälen bzw. putzen, in etwa 3 mm große Würfel schneiden und in einem Topf mit kochendem Salzwasser blanchieren. Anschließend in Eiswasser abschrecken und abtropfen lassen. Die Gemüsebrühe erwärmen und die in kaltem Wasser eingeweichte und ausgedrückte Gelatine darin auflösen. Den Trüffel in feine Würfel schneiden. Sellerie und Trüffel in einer Terrinenform verteilen und mit der leicht abgekühlten Gemüsebrühe übergießen. Abdecken und die Sülze über Nacht kalt stellen.

Sellerieterrine

1 Knollensellerie (à ca. 800 g)
250 g Sahne
Trüffelöl
7 Blatt vegane Gelatine
150 g Petersilienblätter

Den Knollensellerie schälen, in Würfel schneiden und in Salzwasser weich kochen. Wasser abgießen, 100 g Sahne zufügen und zu einem feinen Püree mixen. Mit Trüffelöl, Salz und Pfeffer abschmecken.
Die Gelatine einweichen, die restliche Sahne steif schlagen. 200 g Selleriepüree in eine Schüssel geben, 4 Blatt ausgedrückte Gelatine in einem Topf auflösen und unterrühren, 100 g Schlagsahne unterheben.
Petersilienblätter im Thermomix ohne Temperatur zu Püree mixen.
100 g Selleriepüree in eine Schüssel geben, Petersilienpüree einrühren.
3 Blatt ausgedrückte Gelatine in einem Topf auflösen und unterrühren, 50 g Schlagsahne unterheben. Anschließend die beiden Mousses, beginnend mit einer weißen Schicht, abwechselnd in die Terrinenform auf die Selleriesülze füllen und über Nacht kalt stellen.

Petersilienwurzelsalat

1 mittelgroße Petersilienwurzel
1 EL weißer Balsamicoessig
2 EL Olivenöl

Die Petersilienwurzel schälen, mithilfe einer Aufschnittmaschine längs in etwa 2 mm dicke Scheiben schneiden und wieder aufeinanderlegen. Nun der Länge nach in Streifen schneiden. Diese in kochendem Salzwasser weich garen, dann in Eiswasser abschrecken. Abgießen, in einer Schüssel mit Essig und Olivenöl marinieren und mit Salz und Pfeffer abschmecken.

Anrichten

schwarzer Trüffel (La Bilancia)
Pekannüsse
Selleriegrün

Die geschnittene Terrine auf einen Teller geben, den Petersilienwurzelsalat daneben anrichten. Den Salat mit gehobeltem Trüffel und Pekannüssen garnieren. Zum Schluss das übrige Selleriepüree mit einer Spitzflasche auf den Teller dressieren und mit Selleriegrün garnieren.

Dies ist ein ganz einfaches Gericht – auch für zu Hause –, bei dem sehr unterschiedliche Aromen unglaublich gut zusammenpassen. Limettenschale (sauer), Frühlingszwiebeln (scharf), Koriander (seifig) und Nüsse (erdig, ölig), gebunden vom laktischen Frischkäse im Chicoréeblatt (bitter).

Treffen so viele Aromen zusammen, ist es wichtig, sie gut auszubalancieren. Denn sauer, scharf, bitter und seifig laufen immer auch Gefahr, jeweils zu dominant zu werden. Daher am besten an die Mengenangaben halten.

Als Parfüm entweder mit Gurke oder Limette die Richtung weisen. Zu Hause würde ich ein bisschen Limettenabrieb empfehlen.

GEFÜLLTE CHICORÉEBLÄTTER MIT LIMETTE

3 Frühlingszwiebeln
110 g Ziegenfrischkäse
90 g Joghurt
Abrieb von 1 unbehandelten Limette
6 Korianderblätter
Honig
8 Chicoréeblätter

Die Frühlingszwiebeln putzen und in feine Scheiben schneiden. Den Ziegenfrischkäse in eine Schüssel geben und mit Joghurt, Frühlingszwiebeln, Limettenabrieb und frisch geschnittenem Koriander gut vermischen. Mit Salz, Pfeffer und Honig abschmecken. Die Chicoréeblätter vom Strunk befreien, waschen und trocken tupfen.

2 schwarze Walnüsse, in Scheiben geschnitten
Kresse

Anrichten

Die Chicoréeblätter auf eine Schieferplatte legen und mit der Ziegenfrischkäsemasse füllen. Mit schwarzen Walnüssen und Kresse garnieren.

Dieses Gericht zeigt perfekt, was ein Duft im Gehirn auslösen kann und wie er damit den Geschmack beflügelt.

Pilze selbst sind kein guter Geschmacksguide, denn sie riechen eigentlich vor allem nach alten Socken. Der dunkle Duft des Mooses dagegen ist hier genau das Richtige. Wenn man es riecht, fühlt man sich sofort im Wald – und schon ist die Verbindung zu Pilzen da.

Die Variation ist natürlich sehr aufwendig in der Produktion: Ein Pilzchip, ein Waldpilzbaiser, ein Pilzknödel, ein gebackener Pilz. Zu Hause können Sie auch einfach nur normale Champignons ausbacken, aufspießen und auf Moosboden präsentieren. Das wirkt optisch sehr beeindruckend und durch das Moos werden Ihre Gäste genauso in den Wald entführt wie mit den Variationen hier im Rezept.

Im Restaurant runde ich den Waldbesuch noch mit etwas Trockeneis-Nebel ab: für einen Waldspaziergang im Morgennebel.

VARIATION VON WALDPILZEN

300 g altbackenes Weißbrot
ca. 125 ml Milch
400 g Waldpilze
110 g Butter
1 Knoblauchzehe
1 Zwiebel
2 Eier
5 EL Semmelbrösel
Muskatnuss

Waldpilzknödel

Für die Knödel das Brot klein schneiden und mit Milch nach Bedarf befeuchten. Waldpilze putzen, säubern und in feine Würfel schneiden.
30 g Butter in einem Topf zerlassen. Knoblauch fein hacken, Zwiebel fein würfeln und mit den Pilzen in der Butter anschwitzen.
Eier, Pilzmischung und 2 EL Semmelbrösel zum Brot geben, gut vermengen und mit Salz, Pfeffer und Muskatabrieb würzen. Aus der Masse zwölf kleine Knödel formen, in den übrigen Semmelbröseln wenden und in einer Pfanne in der restlichen Butter rundum goldbraun anbraten.

Waldpilzchips

5 kleine Steinpilze

Den Backofen auf 60 °C (Ober-/Unterhitze) vorheizen. Die Steinpilze putzen, säubern und mit der Aufschnittmaschine dünn aufschneiden. Auf ein mit Backpapier ausgelegtes Blech legen und im Ofen etwa 1 Stunde trocknen lassen.

Waldpilzbaiser

150 g Eiweiß
50 g Zucker
50 g Steinpilzpulver

Den Backofen auf 80 °C (Ober-/Unterhitze) vorheizen. Alle Zutaten mit etwas Salz in einer Rührschüssel bei hoher Stufe zu Eischnee schlagen. Die Masse in einen Spritzbeutel mit Lochtülle füllen und Zylinder sowie Macarons auf ein Backpapier spritzen. Im Ofen etwa 6 Stunden trocknen. Anschließend Zylinder in die Unterseite der Macarons stecken und so Pilze zusammensetzen.

Gebackene Steinpilze

100 g Steinpilze
2 Eier
2 EL Sahne
70 g Mehl
90 g Semmelbrösel
300 ml Sonnenblumenöl

Die Steinpilze putzen, säubern und je nach Größe halbieren oder vierteln. Eier, Sahne, etwas Salz und Pfeffer in einer Schüssel verquirlen. Eine kleine Schale mit Mehl und eine weitere mit Semmelbröseln bereitstellen. Die Steinpilze erst im Mehl wenden, dann durch die Eiersahne ziehen und schließlich mit Bröseln panieren. Das Sonnenblumenöl auf 180 °C erhitzen und die Steinpilze darin goldbraun ausbacken. Auf Küchenpapier entfetten.

Anrichten

Trockeneis
Moos
Zweig ohne Blätter

Knödel und gebackene Pilze auf Gabeln spießen und in eine mit Trockeneis und Moos bestückte Form stecken. Die Pilzchips an einen kleinen Zweig hängen. Die kleinen Baiserpilze auf das Moos setzen. Kurz vor dem Servieren Wasser auf das Trockeneis gießen. Der entstehende Rauch lässt es am Tisch nach Wald und Moos duften.

Wie schon bei der Terrine und Sülze vom Sellerie (siehe S. 56) spiele ich bei diesem Gericht mit einem Gemüse in unterschiedlichen Konsistenzen und Aromenkombinationen. Basis ist der Blumenkohl, den viele, völlig zu Unrecht, als langweilig empfinden.

Angebraten entfaltet er würzige Röstaromen, als Mousse in der Terrine ist er cremig-vegetabil. Das Rührei in der Eierschale ist warm und weich. Der Waldorfsalat zeigt, wie frisch Blumenkohl schmecken kann, und als Eis entwickelt er durch die Kälte einen ganz neuen Geschmack. Als weiteres „Blumenkohl-Erlebnis" könnte man noch eine Suppe dazureichen.

Als Parfüm würde ich für dieses Gericht Orange wählen. Manchmal passen Gerüche gerade deswegen so gut zusammen, weil sie so unterschiedlich sind. Und die Orange gibt dem Blumenkohl einen richtigen Frischekick. Zu Hause streut man einfach ein wenig Orangenabrieb über die gerösteten Röschen.

VARIATION VOM BLUMENKOHL

Blumenkohlterrine

1 Blumenkohl
2 EL Walnussöl
400 ml Gemüsebrühe (siehe S. 24)
7,5 g Agar-Agar

Den Blumenkohl von Grün sowie Strunk befreien und in 5 mm große Röschen schneiden. Das Walnussöl in einer beschichteten Pfanne erhitzen und die Röschen darin langsam goldbraun braten. Auf Küchenpapier entfetten und mit Salz und Pfeffer würzen.

Die Gemüsebrühe erhitzen und das Agar-Agar mit dem Schneebesen einrühren. Einmal aufschäumen lassen, dann vom Herd ziehen und den Schaum abschöpfen. Die gebratenen Blumenkohlröschen in einer Terrinenform verteilen und mit der gelierten Gemüsebrühe übergießen. Abdecken und über Nacht kalt stellen.

Blumenkohlmousse und Rührei

4 Eier
250 g Sahne
½ Blumenkohl
Muskatnuss
Trüffelöl
1 ½ Blatt vegane Gelatine
1 TL Butter

Die Eier mit einem scharfen Messer oder einem Sollbruchstellenverursacher schneiden bzw. anschlagen, sodass eine schöne glatte Öffnung entsteht. Das Eiinnere mit 50 g Sahne verquirlen, mit Salz und Pfeffer würzen und kalt stellen. Die entstandenen Eierbecher gut auswaschen und trocknen lassen.
Den Blumenkohl von Grün sowie Strunk befreien und in kleine Stücke schneiden. In 100 g Sahne weich kochen, dann mit dem Pürierstab fein mixen. Das fertige Püree mit Muskatabrieb, etwas Trüffelöl sowie Salz und Pfeffer kräftig abschmecken. Die Gelatine in kaltem Wasser einweichen, ausdrücken und in dem noch warmen Püree auflösen. Für 15 Minuten kalt stellen, bis es leicht geliert. Die restliche Sahne steif schlagen und unter das gelierte Püree heben. Die vorbereiteten Eierschalen zu zwei Dritteln mit der Mousse füllen.
Die Butter in einer beschichteten Pfanne erhitzen und aus der kalten Eiersahne ein cremiges Rührei braten. Ein wenig davon auf die Mousse in der Eierschale geben.

Blumenkohleis

120 g Eigelb
50 g Zucker
350 ml Blumenkohlcremesuppe (siehe S. 25)
160 g Sahne

Eigelb mit Zucker schaumig schlagen und die Blumenkohlcremesuppe langsam einrühren. Zum Schluss die Sahne zugießen und die Masse in der Eismaschine gefrieren.

Anrichten

5 Trüffelscheiben (La Bilancia)
5 Knollenselleriescheiben
gebratene Blumenkohlröschen
Petersilienblättchen
etwas Abrieb von 1 unbehandelten Orange

Trüffel- und Selleriescheiben getrennt in feine Streifen schneiden. Sellerie mit Salz und Pfeffer würzen und mit den Trüffelstreifen mischen. Den Waldorfsalat auf einem Teller drapieren und ein gefülltes Ei daraufsetzen. Gebratene Blumenkohlröschen und Terrine daneben anrichten. Petersilie in Streifen schneiden, mit etwas Orangenabrieb mischen und auf den Teller geben. Eine Nocke Blumenkohleis auflegen und servieren.

Diese Vorspeise kann man sehr gut auch zu Hause zubereiten. Rote Bete und Meerrettich sind beides kräftige, erdige Komponenten, die mit der milderen Erdigkeit der Kartoffel abgerundet werden. Diese Erdigkeit würde schnell langweilig ohne die Schärfe der Schnittlauchvinaigrette mit ihrer süßen Säure des Himbeeressigs, der auch noch eine fruchtige Note mitbringt.

Das Spiel von Säure und Süße ist ohnehin wichtig für alle Gerichte, egal ob hier aus dem Buch, vegetarisch, vegan oder mit Fleisch und Fisch. Beide wirken als natürliche Geschmacksverstärker, weil sie unterschiedliche Rezeptoren auf der Zunge ansprechen. Fehlt eine Komponente, werden Sie immer das Gefühl haben, dem gesamten Gericht fehle irgendetwas. Ist eine zu dominant, schlägt das gesamte Gericht in die entsprechende Richtung aus. Hinzu kommt natürlich das individuelle Geschmacksempfinden. Es ist ein Spiel der Aromen und Sinne. Spielen Sie mit.

ROTE-BETE-CARPACCIO, KARTOFFEL-MEERRETTICH-SAVARIN UND SCHNITTLAUCHVINAIGRETTE

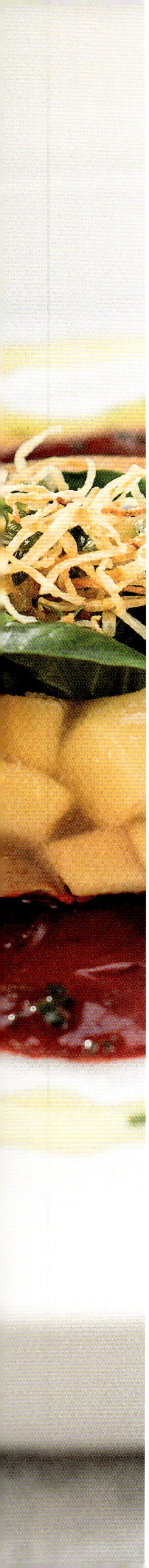

ROTE-BETE-CARPACCIO, KARTOFFEL-MEERRETTICH-SAVARIN UND SCHNITTLAUCHVINAIGRETTE

4 kleine festkochende Kartoffeln
2 EL Sonnenblumenöl
1 Meerrettichwurzel (à ca. 100 g)
6 Eiweiß
250 ml Gemüsebrühe (siehe S. 24)
4 Blatt vegane Gelatine

Kartoffel-Meerrettich-Savarin

Die Kartoffeln schälen, in 1 cm große Würfel schneiden und in einem Topf mit siedendem Wasser fast gar kochen. Abgießen und gut trocken tupfen. Das Sonnenblumenöl in einer Pfanne erhitzen und die Kartoffelwürfel darin goldgelb braten. Leicht mit Salz und Pfeffer würzen.
Die Meerrettichwurzel schälen. Mit dem Messerrücken ein paar Späne abschaben und für die Garnitur beiseitelegen. Den restlichen Meerrettich durch den Fleischwolf drehen und gut mit dem Eiweiß vermengen. Die Masse mit dem Schneebesen in die kalte Gemüsebrühe rühren, dann in einem Topf auf kleiner Flamme zum Sieden bringen, bis das Eiweiß stockt. Gelegentlich umrühren. Den Sud an der Siedegrenze ca. 30 Minuten ziehen lassen, anschließend durch ein feines Sieb in eine Schüssel passieren.
Die kalt eingeweichte und ausgedrückte Gelatine im warmen Meerrettichsud auflösen. Die Kartoffelwürfel in Savarinförmchen verteilen, mit dem Meerrettichsud übergießen und 2–3 Stunden kalt stellen.

Rote-Bete-Scheiben

2 mittelgroße Rote Beten
50 ml Himbeeressig
Zucker
Kümmel

Die Roten Beten waschen, etwa 25 Minuten in Salzwasser weich kochen, schälen und in 1 mm dicke Scheiben schneiden. Mit Himbeeressig, etwas Salz, Zucker sowie Kümmel marinieren.

Schnittlauchvinaigrette

50 ml Himbeeressig
60 ml Traubenkernöl
Zucker
½ Bund Schnittlauch

Himbeeressig, Traubenkernöl sowie etwas Wasser mit dem Schneebesen gut verrühren und mit Salz, Pfeffer und Zucker abschmecken. Kurz vor dem Anrichten den frisch geschnittenen Schnittlauch unterrühren.

Anrichten

Feldsalat

Rote-Bete-Scheiben wie ein Carpaccio kreisförmig auf einen Teller legen und den Savarin daraufstürzen. Etwas Feldsalat mit der Schnittlauch-vinaigrette marinieren und das Salatbouquet auf dem Savarin anrichten. Zum Schluss die beiseitegelegten Meerrettichspäne locker über den Teller fallen lassen und etwas Vinaigrette aufträufeln.

Paprika ist ein ganz wunderbarer Duft, den ich hier auch unbedingt empfehlen würde. Ganz interessant: Den intensivsten Duft hat grüne Paprika, aus der ich auch das Parfüm mache.

In diesem Gericht wird wieder einmal deutlich, wie sehr verschiedene Konsistenzen (Texturen) den Geschmack eines Grundproduktes verändern. In der Terrine werden die Mousses von gelber und roter Paprika durch eine Schicht Frischkäse verbunden, der Geschmack ist cremig-weich. Bei den geschmorten Paprika steht dagegen ihr süßlicher Geschmack im Vordergrund. Für das Gesamterlebnis gibt der Kräutersalat im Frühlingsrollenteig ein kleines bisschen Bitteraroma dazu, vor allem aber Crunch im Mundgefühl als Kontrast zur cremigen Terrine.

TERRINE VON PAPRIKA UND FRISCHKÄSE MIT KRÄUTERSALAT UND PAPRIKAEIS

5 rote Paprika
5 gelbe Paprika
Olivenöl
12 Blatt vegane Gelatine
150 g Frischkäse
200 g Sahne

Terrine von Paprika und Frischkäse

Den Backofen auf 160 °C (Ober-/Unterhitze) vorheizen. Die Paprika halbieren, Samen entfernen und die Schoten mit der Schnittfläche nach unten auf ein mit Backpapier ausgelegtes Backblech legen. Mit Olivenöl beträufeln, mit Salz und Pfeffer würzen und 1 ½ Stunden im Ofen schmoren.

Anschließend rote und gelbe Paprika getrennt voneinander mixen und durch ein feines Sieb passieren. Abschmecken und jeweils vier eingeweichte und ausgedrückte Blatt Gelatine in den warmen Pürees auflösen. Den Frischkäse glatt rühren, leicht erwärmen und die restliche eingeweichte und ausgedrückte Gelatine darin auflösen. Die Sahne steif schlagen und je ein Drittel in die drei Massen rühren. Beliebige Formen, z. B. Tassen oder Gläser, mit Frischhaltefolie auskleiden. Nacheinander die drei verschiedenen Schichten hineingießen und mit Frischhaltefolie abgedeckt 4–5 Stunden kühl stellen.

Geschmorte Paprikastreifen

1 gelbe Paprika
1 rote Paprika
Olivenöl
Zucker

Den Backofen auf 180 °C (Ober-/Unterhitze) vorheizen. Die Paprika schälen, Samen entfernen und das Fruchtfleisch in Streifen schneiden. In etwas Olivenöl in einer Pfanne weich dünsten und mit Zucker, Salz und Pfeffer würzen.

Kräutertütchen

1 Blatt Frühlingsrollenteig (ca. 21 cm x 21 cm)
40 g Kräuter nach Saison
weißer Balsamicoessig

Den Backofen auf 200 °C (Ober-/Unterhitze) vorheizen. Aus dem Frühlingsrollenteig Kreise (5 cm Durchmesser) ausstechen und halbieren. Den Rand befeuchten, zu spitzen Tüten (Stanitzeln) drehen und im Ofen in wenigen Minuten goldgelb backen. Auskühlen lassen. Kurz vor dem Servieren mit Kräutern füllen und etwas weißen Balsamico darüberträufeln.

Paprikaeis

2 rote Paprika
50 g Eigelb
25 g Zucker
100 ml Milch
50 g Sahne
1 Blatt vegane Gelatine

Den Backofen auf 160 °C (Ober-/Unterhitze) vorheizen. Die Paprika schälen und die Samen entfernen. Das Fruchtfleisch im Ofen etwa 30 Minuten weich garen, dann pürieren. Eigelb und Zucker schaumig schlagen und das Paprikapüree unterheben. Milch und Sahne erhitzen, die eingeweichte und ausgedrückte Gelatine darin auflösen und unter die Paprikamasse rühren. Mit Salz und Pfeffer abschmecken und in der Eismaschine zur gewünschten Konsistenz gefrieren.

Anrichten

Kresse

Die Terrine auf einem großen Teller anrichten. Kräutertütchen und geschmorte Paprikastreifen anlegen und mit Paprikaeis fertigstellen. Mit Kresse ausgarnieren.

Sushi kann man prinzipiell mit allen Gemüsen machen, hier habe ich Thai-Spargel, Karotte, Paprika und Avocado verwendet.

Zum einen rolle ich die rohen Gemüsestreifen in ganz normalen weißen Sushireis. Der restliche Reis erhält eine Rote-Bete-Infusion und so selbst schon einen erdig-würzigen Geschmack, bevor er ebenfalls mit Gemüse versehen wird.

Eine weitere Variante wäre, den Reis direkt mit Gemüse(paste) zu kochen, zum Beispiel mit Paprika, Orange oder Zitrone. So bekommt er selbst einen kräftigen Eigengeschmack und eröffnet ganz neue Kombinationsmöglichkeiten.

SUSHI ROT/ WEISS

100 g Sushireis
1 EL Mirin
3 EL Reisessig
2 TL Zucker
1 rote Paprika
1 Karotte
3 Stangen Thai-Spargel
1 Avocado
Saft von ½ Zitrone
30 ml Rote-Bete-Saft
2 Nori-Algenblätter

Den Sushireis in einem Sieb unter fließendem Wasser gründlich waschen, bis das Wasser klar ist. Den Reis in einen Topf geben und mit Wasser auffüllen, bis es 1 cm hoch über dem Reis steht. Einmal aufkochen, dann sofort auf die niedrigste Stufe zurückschalten, einen Deckel auflegen und 15 Minuten garen. In eine Kunststoffschüssel füllen und mit Mirin, Reisessig, Zucker und 1 TL Salz mischen.

Die Paprika schälen, Strunk und Samen entfernen. Das Fruchtfleisch in 5 mm dicke Stäbchen schneiden. Die Karotte schälen, die Enden abschneiden, dann längs in Scheiben und diese in 5 mm große Stifte schneiden. Vom Thai-Spargel das angetrocknete Ende abschneiden, dann den Spargel in kochendem Salzwasser blanchieren und in Eiswasser abschrecken. Mit der Karotte ebenso verfahren. Die Avocado längs halbieren und den Kern entfernen. Das Fruchtfleisch aus der Schale lösen und mit einer Gabel zerdrücken. Mit Zitronensaft, Salz und Pfeffer abschmecken und in einen Spritzbeutel füllen.

Den Reis in zwei Hälften teilen. Eine Hälfte mit Rote-Bete-Saft einfärben. Eine Sushi-Bambusmatte mit Frischhaltefolie umwickeln, damit sich der Reis nicht in den Zwischenräumen verfängt. Ein Algenblatt auf die Matte legen und den weißen Reis 7 mm dick aufstreichen. Die Hälfte des Gemüses auf das untere Drittel legen und etwas Avocadocreme als Linie daraufspritzen. Das Algenblatt mit etwas Druck einrollen. Den Vorgang mit dem Rote-Bete-Reis wiederholen.

Wasabi
Sojasauce
Sushi-Ingwer

Anrichten

Die Algenrollen in Stücke schneiden und die verschiedenen Sushis mit Wasabi, Sojasauce und Ingwer auf einem Teller anrichten.

Dieses Gericht sieht einfach aus – ist aber tatsächlich ziemlich aufwendig, wenn man es genau so macht, wie es hier abgebildet ist. Dafür ist es ein echter grüner Frischekick, der das Spiel von Säure und Süße, das ich schon beim Rote-Bete-Carpaccio angesprochen habe (siehe S. 70), perfekt beherrscht.

Es verbinden sich mit Milchsäure (Hüttenkäse, Buttermilch), Säure (Granny Smith, Zitrone), Süße (Hollunder), Bitterkeit (Tonic Water) und Schärfe (Wasabi) ganz unterschiedliche Aromen extrem gut miteinander und erzeugen eine anregende Spannung. Als Parfüm zur Einführung empfehle ich hier ganz klar die Gurke. Kleiner Tipp: Die eingelegten Gurken können Sie auch für eine Portion Frische im Herbst/Winter aufheben.

HÜTTENKÄSE, BUTTERMILCHBRUCH, MARINIERTE GURKE UND RADIESCHEN

HÜTTENKÄSE, BUTTERMILCHBRUCH, MARINIERTE GURKE UND RADIESCHEN

Marinierte Gurke

2 Gurken
400 ml Tonic Water
40 ml Holunderblütensirup
20 ml Gin
ein paar Minzeblättchen

Die Gurken schälen und in die gewünschte Form schneiden. Restliche Zutaten vermischen und die Gurken im Fond über Nacht ziehen lassen.

Buttermilchbruch

500 g Buttermilch
Abrieb und Saft von 1 Limette
½ Bund Schnittlauch

Die Buttermilch langsam zum Kochen bringen, einmal aufkochen, dann den Topf vom Herd nehmen und kurz ziehen lassen. Vorsichtig durch ein Stoffsieb gießen, sodass sich der Bruch von der Molke trennt. Den Buttermilchbruch mit Salz und Limette abschmecken und mit frisch geschnittenem Schnittlauch vermengen.

Gurkenschnee

5 Blatt vegane Gelatine
1 Gurke
150 g Buttermilch
150 g Sauerrahm
150 g Frischkäse
1 EL Wasabi
Abrieb und Saft von 1 unbehandelten Zitrone
Noilly Prat
Holunderblütensirup
Cayennepfeffer

Gelatine in kaltem Wasser einweichen. Die übrigen Zutaten im Standmixer zu einer homogenen Masse mixen und mit Salz, Noilly Prat, Holunderblütensirup und Cayennepfeffer abschmecken. Die Gelatine ausdrücken und in der Gurkenmasse auflösen. Die fertige Masse in ein gefriergeeignetes Gefäß gießen und komplett durchfrieren lassen.

Apfel-Radieschen-Ragout

90 g Radieschen
90 g Granny Smith Apfel
90 g Senfgurken
etwas Saft von 1 Zitrone
weißer Balsamicoessig
1 TL frisch geschnittener Dill
1 TL frisch geschnittener Schnittlauch

Radieschen, Apfel und Senfgurken in kleine gleichmäßige Würfel schneiden und mit Zitronensaft, Balsamico und Salz abschmecken. Dill und Schnittlauch untermischen.

Gurkenluft

300 g Gurke
etwas Saft von 1 Limette
3–4 g Lecithin

Gurke entsaften und den Saft mit Salz, Pfeffer sowie Limettensaft abschmecken. Lecithin hinzufügen und alles in einen hohen Becher füllen. Mit dem Pürierstab schaumig schlagen.

Anrichten

50 g Hüttenkäse
Kresse

Die marinierte Gurke wie ein Carpaccio anrichten. Hüttenkäse, Buttermilchbruch, Apfel-Radieschen-Ragout und Gurkenluft darauf platzieren und mit Kresse garnieren. Die gefrorene Gurkenmasse etwas zerkleinern und mit einer Reibe fein darüberraspeln.

Ich verwende Couscous, der ursprünglich aus dem arabischen Raum kommt, unglaublich gerne. Im Original werden begleitende Produkte immer unter den Couscous gemischt.

Ich habe sie für dieses Rezept allerdings bewusst auf dem Couscous und getrennt voneinander angerichtet. Der optische Effekt lässt auch die einzelnen Aromen besser zur Geltung kommen – denn schon über die Augen lässt sich das Geschmackszentrum im Gehirn vorprogrammieren.

Bei dieser kalten Vorspeise erfrischen die aufgesetzten Komponenten aus fruchtig-süßem Apfel, grüner Gurke, fruchtig-saurer Orange und dem Anis des Fenchels den eher erdigen Couscous. Und der roh aufgeschnittene Fenchel sorgt zudem für ein knackiges Mundgefühl.

Als Parfüm empfehle ich Orange oder Gurke, keinesfalls aber Anis für den Fenchel. Einerseits polarisiert Anis ohnehin extrem, andererseits würde die Einstimmung auf Anis auch die frische Fruchtigkeit dieses Gerichts unterschlagen.

COUSCOUS MIT APFEL, GURKE UND ORANGEN-FENCHEL-SALAT

100 ml Orangensaft
50 ml Olivenöl
2 EL weißer Balsamicoessig
Zucker
1 Knoblauchzehe
1 Chili

Vinaigrette

Orangensaft, Olivenöl, Balsamico und etwas Zucker verrühren. Knoblauch und Chili sehr fein hacken, zur Vinaigrette geben und mit Salz und Pfeffer abschmecken.

Gemüse und Apfel

1 Fenchelknolle
1 Orange
½ Portion Vinaigrette (siehe S. 84)
1 Apfel
1 Salatgurke

Den Fenchel halbieren und den Strunk entfernen, Knolle in hauchdünne Streifen schneiden. Orange schälen und filetieren. Beides mit der Hälfte der Vinaigrette mischen.
Den Apfel schälen, Kerngehäuse entfernen und Fruchtfleisch in kleine Würfel schneiden. Die Salatgurke schälen und längs halbieren. Kerne mit einem Löffel herausschaben, Gurke in kleine Würfel schneiden. Gurken- und Apfelwürfel mit der restlichen Vinaigrette mischen.

Couscous

200 ml Gemüsebrühe (siehe S. 24)
80 ml Olivenöl
320 g Couscous
½ Portion Vinaigrette (siehe S. 84)

Gemüsebrühe und Olivenöl zum Kochen bringen, den Couscous hineinstreuen, vom Herd nehmen und 8–10 Minuten quellen lassen. Anschließend den Couscous mit der Vinaigrette vermengen.

Anrichten

Fenchelgrün
Kräuter nach Saison

Den heißen Couscous mithilfe eines Förmchens auf einem Teller anrichten und Apfel-Gurken-Würfel sowie Orangen-Fenchel-Salat darauf verteilen. Mit Fenchelgrün und Kräutern nach Belieben garnieren.

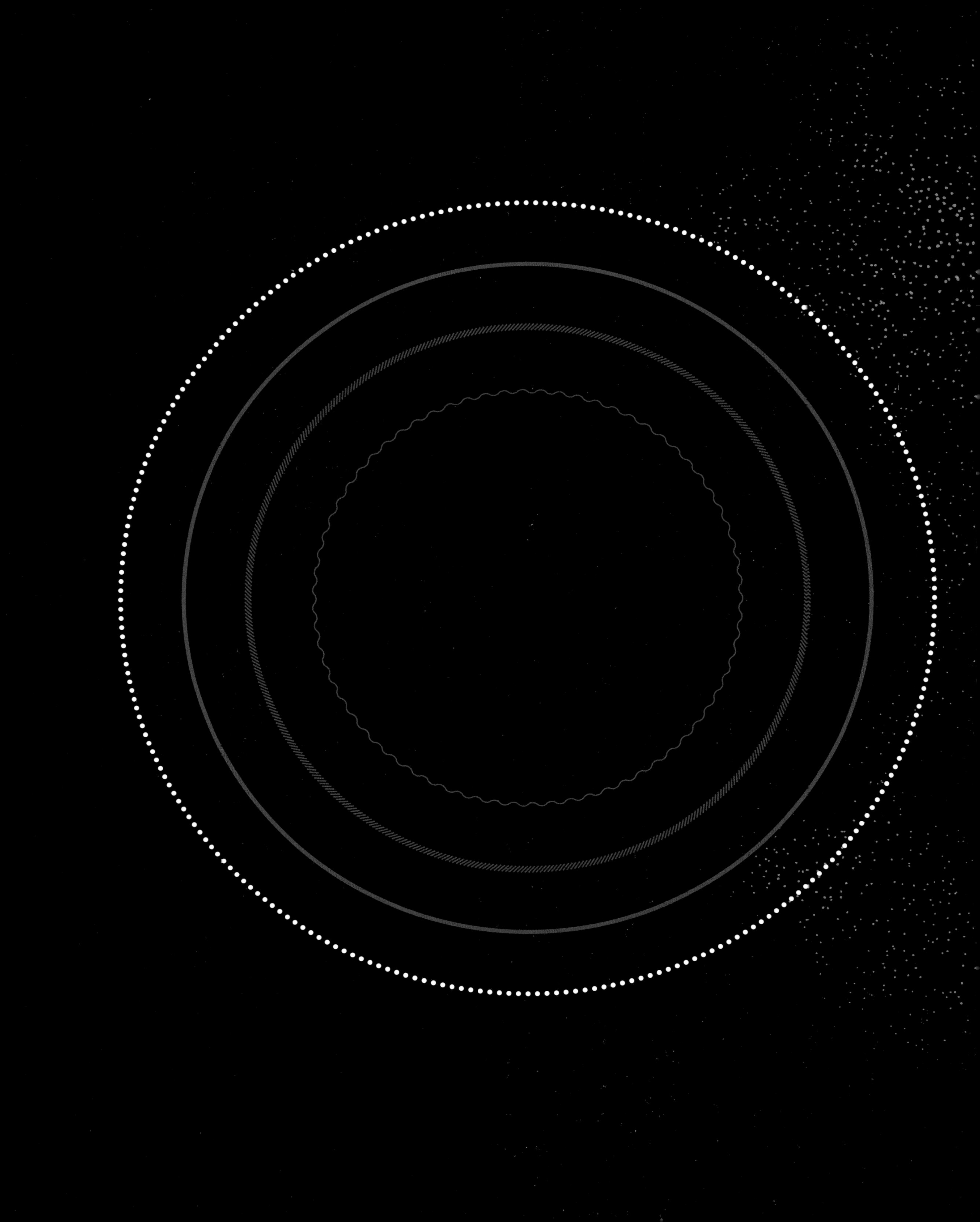

SUPPEN

Frische durch Sauerampfer und Limette, geerdet durch den Enokipilz, bei dem noch ein paar Röstaromen hinzukommen. Abgerundet wird das Ganze mit einer laktischen Verbindung durch die Sahne.

Der Enokipilz bietet eine außergewöhnliche Optik, Sie können aber auch andere Pilze verwenden und sie ein wenig anrösten. Allerdings bitte keine zu erdigen Pilze wie Morcheln oder Trüffel verwenden. Eine zu dominante Erdigkeit verträgt sich nicht mit der Säurepräsenz von Sauerampfer und Limette.

SAUERAMPFERSUPPE MIT ENOKIPILZEN

200 g Sauerampfer
2 Knoblauchzehen
4 EL Sonnenblumenöl
100 ml Weißwein
650 ml Gemüsebrühe (siehe S. 24)
200 g Sahne
Muskatnuss
200 g Enokipilze

Sauerampfer unter kaltem Wasser waschen und trocken schütteln, dann grob schneiden. Knoblauch fein hacken und mit etwas Sonnenblumenöl in einem mittleren Topf anschwitzen. Mit Weißwein ablöschen und mit Brühe sowie Sahne auffüllen. Sauerampfer dazugeben, alles mixen und mit Salz, Pfeffer und Muskatabrieb abschmecken. Die Enokipilze säubern und in einzelne Sträußchen aufteilen. Den Schwamm unten evtl. etwas begradigen. Pilzsträußchen in einer Pfanne mit dem restlichen Sonnenblumenöl anbraten und mit Salz würzen.

Abrieb und Filets von 1 unbehandelten Limette

Anrichten
Pilzsträußchen in die Mitte eines tiefen Tellers stellen. Die Suppe angießen. Mit Abrieb sowie Filets der Limette bestreuen und servieren.

ZITRONENGRAS-SUPPE UND ZITRONENGRAS-LUFT

Zitronengras ist mit Abstand das beste meiner Parfüms – also natürlich auch der Wegweiser für dieses Gericht. Für zu Hause würde ich allerdings Kaffirlimettenblätter (angerieben oder angeschnitten) empfehlen, denn Zitronengrasstängel riechen nicht sehr intensiv.

Die Kombination von Zitronengras und Kokos (sauer, laktisch, süß) ist ein Klassiker der asiatischen Küche, hat aber noch einen anderen Vorteil: Die Gerichte können auch vegan hergestellt werden. Im Rezept wird die Kokosmilch zwar mit Sahne verfeinert, doch die Sahne kann ohne weiteres mit derselben Menge cremiger Kokosmilch ersetzt werden.

Die Konsistenz der „Luft" finde ich, gerade für intensive Aromen, toll, weil im Mund zunächst nur ein Hauch von Geschmack ankommt, der dann aber richtiggehend explodiert.

6 Stangen Zitronengras
1 gelbe Karotte
1 Bund Frühlingszwiebeln
1 EL Sonnenblumenöl
125 ml Gemüsebrühe (siehe S. 24)
250 ml Kokosmilch
125 ml Milch
125 g Sahne
je 2 unbehandelte Zitronen und Orangen
2 Kaffirlimettenblätter
Saft von ½ Zitrone
Zucker
1 EL Butter

Zitronengrassuppe

Das Zitronengras mit dem Fleischklopfer am dicken Ende aufklopfen. Karotte schälen, Frühlingszwiebeln putzen und alles in etwa 2 cm große Stücke schneiden. Das Sonnenblumenöl in einem Topf erhitzen und Zitronengras sowie Gemüse darin leicht anrösten. Mit Gemüsebrühe ablöschen, mit Kokosmilch, Milch und Sahne auffüllen und zum Kochen bringen. Zitronen und Orangen in Scheiben schneiden und mit den Kaffirlimettenblättern kurz vor dem Aufkochen hinzugeben. Temperatur zurückschalten und etwa 1 Stunde ziehen lassen. Die Suppe nicht mehr kochen, da sie sonst bitter wird. Zum Schluss durch ein feines Sieb passieren, mit Zitronensaft, Zucker, Salz und Pfeffer abschmecken und aufmixen. Die Suppe vor dem Servieren mit etwas Butter verfeinern.

1 Ingwerwurzel (à ca. 50 g)
3 Stangen Zitronengras
1 Sternanis
1 ½ EL Zucker
500 ml Wasser
5 Kaffirlimettenblätter
Abrieb und Saft von ½ unbehandelten Zitrone
2,5 g Lecithin

Zitronengrasluft

Die Ingwerwurzel in vier etwa 1 cm dicke Scheiben schneiden. Die Zitronengrasstangen mit einem Fleischklopfer mürbe klopfen. In einem Topf Zitronengras, Ingwer und Sternanis mit dem Zucker unter ständigem Rühren hell karamellisieren. Wasser zugießen und einmal aufkochen. Kaffirlimettenblätter und Zitronensaft zugeben und 10 Minuten leicht köcheln. Zuletzt den Zitronenabrieb hinzufügen und ohne weitere Wärmezufuhr ca. 25 Minuten ziehen lassen. Den Sud passieren und erkalten lassen, dann das Lecithin mit einem Pürierstab einmixen und aufschäumen, bis eine ca. 3 cm hohe Schaumhaube entsteht. Etwa 3 Minuten ruhen lassen, damit sich der Schaum festigt. Dann sofort servieren.

Anrichten

Die heiße Zitronengrassuppe in einem Glas anrichten und mit Zitronengrasluft vollenden.

Der Titel dieses Gerichts unterschlägt eine ganz wichtige Komponente, den Thymian, der für mich eigentlich bei keinem Tomatengericht fehlen darf. Er ergänzt, obwohl sein Eigengeschmack doch sehr ausgeprägt ist, das Aroma der Tomate, das irgendwo zwischen fruchtig, erdig und sauer liegt, perfekt. Der Frischkäse in den Ravioli zeigt wieder die „Verbindlichkeit" laktischer Komponenten. Und die Gemüse sorgen, neben den Ravioli, für etwas Biss im Mundgefühl.

Durch das Anschwitzen des Tomatenmarks im Topf entfaltet es angenehme Röstaromen – und bringt ein intensiveres Rot in das Gericht.

Stellen Sie Rosmarin- und Thymianzweige im Glas auf den Tisch. So haben Sie nicht nur eine schöne Tischdekoration, sondern können diesen Gang auch damit einleiten, Ihre Gäste zu bitten, an der Deko zu schnuppern.

TOMATENESSENZ MIT FRISCHKÄSERAVIOLI

½ Karotte
½ Frühlingszwiebel
½ Zwiebel
2 EL Sonnenblumenöl
2 Tomaten
1 EL Tomatenmark
500 ml Tomatensaft
400 g geschälte Tomaten (aus der Dose)
2 Wacholderbeeren
5 schwarze Pfefferkörner
2 Pimentkörner
1 Lorbeerblatt
½ Zweig Rosmarin
½ Zweig Thymian
100 g Eiweiß
Zucker
etwas Speisestärke zum Binden

Tomatenessenz

Karotte und Frühlingszwiebel putzen, die Zwiebel schälen. Alles fein zerkleinern und in einem großen Topf in etwas Sonnenblumenöl anrösten. Tomaten vierteln, mit dem Tomatenmark in den Topf geben und kurz mitschwitzen. Tomatensaft und Dosentomaten hinzufügen. Wacholderbeeren, Pfeffer- und Pimentkörner grob zerstoßen und mit Lorbeer, Rosmarin und Thymian in den Topf rühren. Etwa 4 Stunden bei geschlossenem Deckel sanft köcheln lassen. Anschließend in ein Passiertuch gießen und alles über einer Schüssel mehrere Stunden oder über Nacht kalt gestellt abtropfen lassen.

Wenn nichts mehr aus dem Tuch tropft, die kalte Brühe in einen Topf gießen. Das Eiweiß mit dem Schneebesen kurz aufschlagen und in die Brühe geben. Bei schwacher Hitze unter ständigem Rühren erwärmen. Das Eiweiß bindet die Trübstoffe und die Brühe wird klar. Noch einmal durch ein Tuch passieren. Erneut kräftig kochen und auf die Hälfte reduzieren. Sollten sich dabei Schaum oder Flocken gebildet haben, war noch ungebundenes Eiweiß in der Brühe. Einfach ein weiteres Mal durch ein feines Tuch oder einen Kaffeefilter passieren. Mit etwas Zucker und Salz abschmecken und, falls gewünscht, mit angerührter Speisestärke binden.

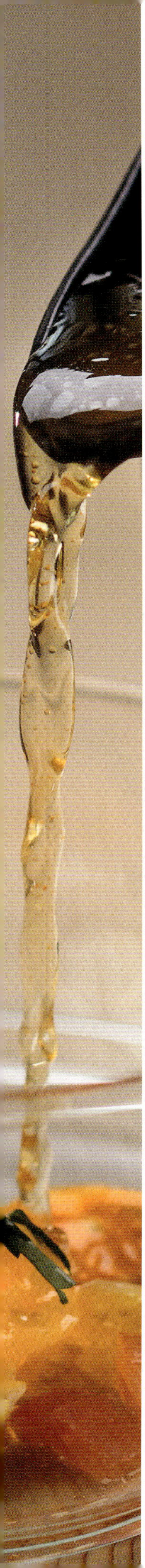

Tomateneinlage

4 Kirschtomaten
2 große Strauchtomaten
1 Zweig Thymian
1 EL Olivenöl

Kirschtomaten und Strauchtomaten mit einem Gemüsemesser an der Oberseite leicht einritzen und in kochendem Wasser kurz blanchieren. In Eiswasser abschrecken und die Haut abziehen. Eine der beiden Strauchtomaten vierteln und Kerne entfernen. Auf einem Teller mit Salz und Pfeffer würzen, mit dem Thymianzweig belegen und mit Olivenöl beträufeln. Im Backofen bei 50 °C (Ober-/Unterhitze) etwa 4 Stunden trocknen. Dann herausnehmen und in dünne Streifen schneiden. Die andere Tomate ebenfalls vierteln, von den Kernen befreien und in kleine Würfel schneiden. Die gehäuteten Kirschtomaten halbieren.

Frischkäseravioli

1 Ei
100 g gelber Nudelteig (siehe S. 32)
20 g Frischkäse
1 EL frisch geriebener Bergkäse

Das Ei trennen. Den Nudelteig hauchdünn ausrollen und mit verquirltem Eiweiß bestreichen. Frischkäse, Bergkäse und Eigelb glatt rühren und mit Salz und Pfeffer abschmecken. Die Masse in einen Spritzbeutel füllen und auf einer Seite des Nudelteigs 3 cm große Punkte auftragen. Die andere Hälfte des Nudelteigs darüberklappen, leicht andrücken und mit einer runden Form (5 cm Durchmesser) acht Ravioli ausstechen. Die Ravioli in leicht siedendem Salzwasser etwa 3 Minuten ziehen lassen.

Anrichten

Tomateneinlage sowie Ravioli auf vier Gläser verteilen und die Tomatenessenz angießen.

Kürbis braucht Begleitung. Hier bekommt er Röstaromen durch das Garen im Ofen mit Butter (laktischer Geschmacksverstärker) und Aromenspitzen durch Ingwer, Sternanis und Muskatnuss, die eine nussig-scharf-seifige Mischung ergeben. Diese Beschreibung zeigt wieder einmal, dass Nase und Zunge schönere Geschmacksbilder im Kopf entstehen lassen als Worte wie „seifig", welche aber eine Definition einfacher machen.

Als einleitendes Aroma empfehle ich unbedingt Ingwer, ein sehr schönes, unglaublich frisches Parfüm. Bei Ihnen zu Hause funktioniert auch ein frisch aufgeschnittener (guter) Ingwer. Sternanis und Muskatnuss wären Alternativen, müssen aber frisch sein und im Falle der Muskatnuss gerieben.

KÜRBISSUPPE MIT INGWER

Kürbissuppe

600 g Muskatkürbis
30 g Butter
1 EL Zucker
1 Sternanis
1 EL weißer Balsamicoessig
200 g Sahne
ca. 200 ml Gemüsebrühe (siehe S. 24)
Muskatnuss
1 Msp. geriebener frischer Ingwer
10 ml Cognac

Den Backofen auf 220 °C (Ober-/Unterhitze) vorheizen. Den Kürbis halbieren, die Kerne entfernen, das Fruchtfleisch in ein mit Butter bestrichenes Stück Aluminiumfolie wickeln und im Ofen 20–25 Minuten garen. Das Kürbisfleisch aus der Schale lösen und mit Zucker, Sternanis, Balsamico, Sahne, Gemüsebrühe, Muskatabrieb, Ingwer und Salz in einer Kasserolle aufkochen. Die Kürbismasse mit dem Pürierstab mixen und mit Cognac, Salz und Pfeffer abschmecken. Nach Belieben etwas einkochen oder mit mehr Gemüsebrühe verdünnen.

Kürbiseinlage

1 Kürbisscheibe (à 2 cm Dicke)

Kürbis schälen, in 1–2 cm große Würfel schneiden und in kochendem Salzwasser 2–3 Minuten blanchieren.

Kürbisravioli

40 g Muskatkürbis
1 EL frisch geriebener Bergkäse
100 g gelber Nudelteig (siehe S. 32)
1 Eiweiß

Den Kürbis schälen und in sehr feine Würfel schneiden. Mit Bergkäse mischen und mit Salz und Pfeffer abschmecken. Die Masse in einen Spritzbeutel füllen. Den Nudelteig hauchdünn ausrollen und mit verquirltem Eiweiß bestreichen. Die Kürbismasse längs auf einer Seite des Nudelteigs auftragen. Die andere Hälfte des Nudelteigs darüberklappen, leicht andrücken und mit einer runden Form (5 cm Durchmesser) acht Ravioli ausstechen. Die Ravioli in leicht siedendem Salzwasser etwa 3 Minuten ziehen lassen.

Anrichten

Kerbel
4 Scheiben eingelegter Ingwer
Zesten von 1 unbehandelten Zitrone

Kürbiseinlage und Kürbisravioli in eine Suppenschale setzen und mit Kürbissuppe aufgießen. Mit gezupftem Kerbel, Ingwerscheiben und Zitronenzesten garnieren.

GELIERTE GAZPACHO

Der Clou an diesem Gericht ist die überraschende Klarheit der Gazpacho, die dadurch entsteht, dass die Gemüse in einem Tuch über Nacht Saft lassen. Achtung: Um eine wirklich klare Flüssigkeit zu erhalten, muss der Saft abtropfen können. Pressen Sie ihn durch das Tuch, trüben Partikelchen die Flüssigkeit.

Dazu nur noch ein vegetarisches Bindemittel und schon hat man ein klares Gemüsegelee, das dieselben Aromen hat wie die klassische, sämige Gazpacho.

Weil aber unser Gehirn durch die Optik eines Gerichts vorprogrammiert wird, gebe ich als Einlage einen Teil derselben Gemüse in kleinen Stücken dazu, die ich bereits für das Gelee verwendet habe. Ganz nebenbei gibt das dem Mund natürlich auch noch etwas zum Beißen.

Aber probieren Sie doch einmal aus, Ihren Gästen nur die klare Brühe zu kredenzen. Sie werden merken, dass sie den Geschmack erst nach ein paar Löffeln erkennen, weil sie von der Optik in die Irre geführt wurden.

800 g Tomaten
350 g Gurke
250 g rote Paprika
200 g gelbe Paprika
100 g grüne Paprika
1 mittlere Gemüsezwiebel
3 Knoblauchzehen
4 Scheiben Weißbrot ohne Rinde
10 ml Olivenöl
weißer Pfeffer aus der Mühle
Tabasco
1 EL Aceto Balsamico
6 Blatt vegane Gelatine

Gazpachogelee

Die Strünke der Tomaten herausschneiden und das Fruchtfleisch würfeln. Die Gurke schälen, längs halbieren, entkernen und klein schneiden. Die Samen aller Paprikaschoten entfernen und das Fruchtfleisch in kleine Stücke schneiden. Das Gemüse in eine Schüssel geben, leicht salzen und mehrere Stunden Saft ziehen lassen. Die Gemüsezwiebel schälen, würfeln und zusammen mit Knoblauch sowie eingesalzenem Gemüse samt Saft im Mixer pürieren. Das Weißbrot zerkleinern, zugeben und mixen, bis alle Bestandteile gleichmäßig püriert sind. In ein feines Passiertuch geben und über einer Schüssel über Nacht im Kühlschrank abtropfen lassen. Reste im Tuch anschließend entsorgen, nicht ausdrücken! Die abgetropfte klare Flüssigkeit mit Olivenöl, weißem Pfeffer, Tabasco und Aceto Balsamico abschmecken. Gelatine einweichen, ausdrücken und in einem Topf auflösen. Flüssige Gelatine unter die Essenz rühren und bei Raumtemperatur etwa 1 Stunde gelieren lassen. Das Gelee vor dem Verwenden kurz durchrühren.

200 g Gurke
120 g rote Paprika
120 g gelbe Paprika
8 Perlzwiebeln
4 Kirschtomaten

Gemüseeinlage

Alle Gemüse wie beim Gelee beschrieben vorbereiten und in mundgerechte Stücke schneiden.

Kresse
Minzeblättchen

Anrichten

Die Gemüseeinlage auf vier längliche Olivenschalen aufteilen und einige Löffel Gelee zugeben. Mit Kresse und Minze ausgarnieren.

Tipp: Dazu Focaccia mit Rosmarin und Olivenöl (siehe S. 32) servieren.

Diese „Gulaschsuppe" ist das genaue Gegenteil der Gazpacho (siehe S. 100). Beide Rezepte zeigen, welch unterschiedliche Ergebnisse das Kochen einer Gemüsesuppe erzielen kann:

Alle verwendeten Gemüse haben hier sehr kräftige Aromen. Und sie werden nicht, wie bei der Gazpacho, abgetropft. Der größte Unterschied aber – und das unterstützt die Anmutung einer Gulaschsuppe – sind die starken Röstaromen der Gemüse, die ja auch die klassische Gulaschsuppe dominieren.

Als Einführungsaroma zu Hause nehmen Sie eine wirklich frische, reife Tomate. Und schnuppern Sie direkt an der Rispe, dort ist der Tomatenduft am intensivsten.

VEGANE GULASCHSUPPE

4 Babykarotten
1 Aubergine
Mehl zum Bestäuben
100 g Schalotten
4 kleine Kartoffeln
2 gelbe Paprika
2 rote Paprika
80 g Austernpilze
100 g Kirschtomaten
90 ml Olivenöl
4 EL Tomatenmark
1 EL edelsüßes Paprikapulver
1 TL gerebelter Oregano
100 ml Rotwein
1 l Gemüsebrühe (siehe S. 24)

Die Babykarotten schälen und mit gekürztem Grün in Salzwasser kochen. Die Aubergine mit der Aufschnittmaschine in dünne Scheiben schneiden und leicht mehlieren. Die Scheiben in der Fritteuse oder in 160 °C heißem Fett goldgelb backen. Auf Küchenpapier entfetten. Schalotten und Kartoffeln schälen und klein schneiden. Paprika schälen, Samen entfernen und Fruchtfleisch in 4 cm große Würfel schneiden. Austernpilze säubern und ebenfalls würfeln. Die Tomaten auf der Unterseite mit einem scharfen Messer kreuzweise einritzen und mit kochendem Wasser überbrühen. Mit kaltem Wasser abschrecken, häuten und das Fruchtfleisch klein würfeln.
Das Olivenöl in einem Topf nicht zu stark erhitzen, damit es nicht verbrennt. Schalottenwürfel kurz darin anschwitzen. Austernpilze, Kartoffeln, Paprika, Tomatenmark und Paprikapulver zugeben und rösten.
Mit Salz, Pfeffer und Oregano würzen. Mit Rotwein ablöschen und kurz reduzieren lassen, dann mit Gemüsebrühe aufgießen und alles 30 Minuten bei schwacher Hitze kochen.
Zum Schluss die Tomatenwürfel in die Suppe geben und 10 Minuten mitköcheln. Mit Salz und Pfeffer abschmecken.

Anrichten

Erbsensprossen

Die Suppe in eine Schale schöpfen und mit Babykarotten, Auberginenscheiben sowie Erbsensprossen garnieren.

Ein kleines Pilzsüppchen auf Basis von Gemüsebrühe mit klassischer Suppeneinlage (Lauch, Sellerie, Champignon). Mit jeweils einem Schuss Madeira und Sherry sowie Crème fraîche verfeinert, aufgeschäumt und mit Steinpilzpulver bestreut – das optische Ergebnis ist ein Cappuccino, mit erdigem Pilzgeschmack und laktischem Abschluss.

Wenn überhaupt, empfehle ich auch hier – wie bei allen Pilzgerichten – Moos als Aroma, das ins Gericht führt. Die Assoziation von Wald ist angenehmer als tatsächlicher Pilzgeruch.

WALDPILZ-CAPPUCCINO

80 g gemischtes Gemüse (Weißes vom Lauch, Knollensellerie, Champignons)
230 g gemischte Waldpilze
2 Schalotten
50 g Butter
20 ml Sherry
20 ml Madeira
700 ml Gemüsebrühe (siehe S. 24)
200 g Crème fraîche
Zucker
200 g Sahne

Gemüse und Waldpilze putzen, säubern und in feine Stücke schneiden. Schalotten schälen und in Streifen schneiden. Die Butter in einem Topf schmelzen und Gemüse und Pilze darin gut anschwitzen. Mit Sherry und Madeira ablöschen und einkochen lassen. Die Gemüsebrühe zugießen und ebenfalls reduzieren. Crème fraîche hinzugeben, mit Zucker, Salz und Pfeffer abschmecken, alles im Mixer pürieren und durch ein feines Sieb streichen. Etwas geschlagene Sahne unterheben und nochmals durchmixen.

Milchschaum
Steinpilzpulver

Anrichten

Die Suppe in einer Kaffeetasse anrichten, Milchschaum daraufgeben und mit Steinpilzpulver bestreuen.

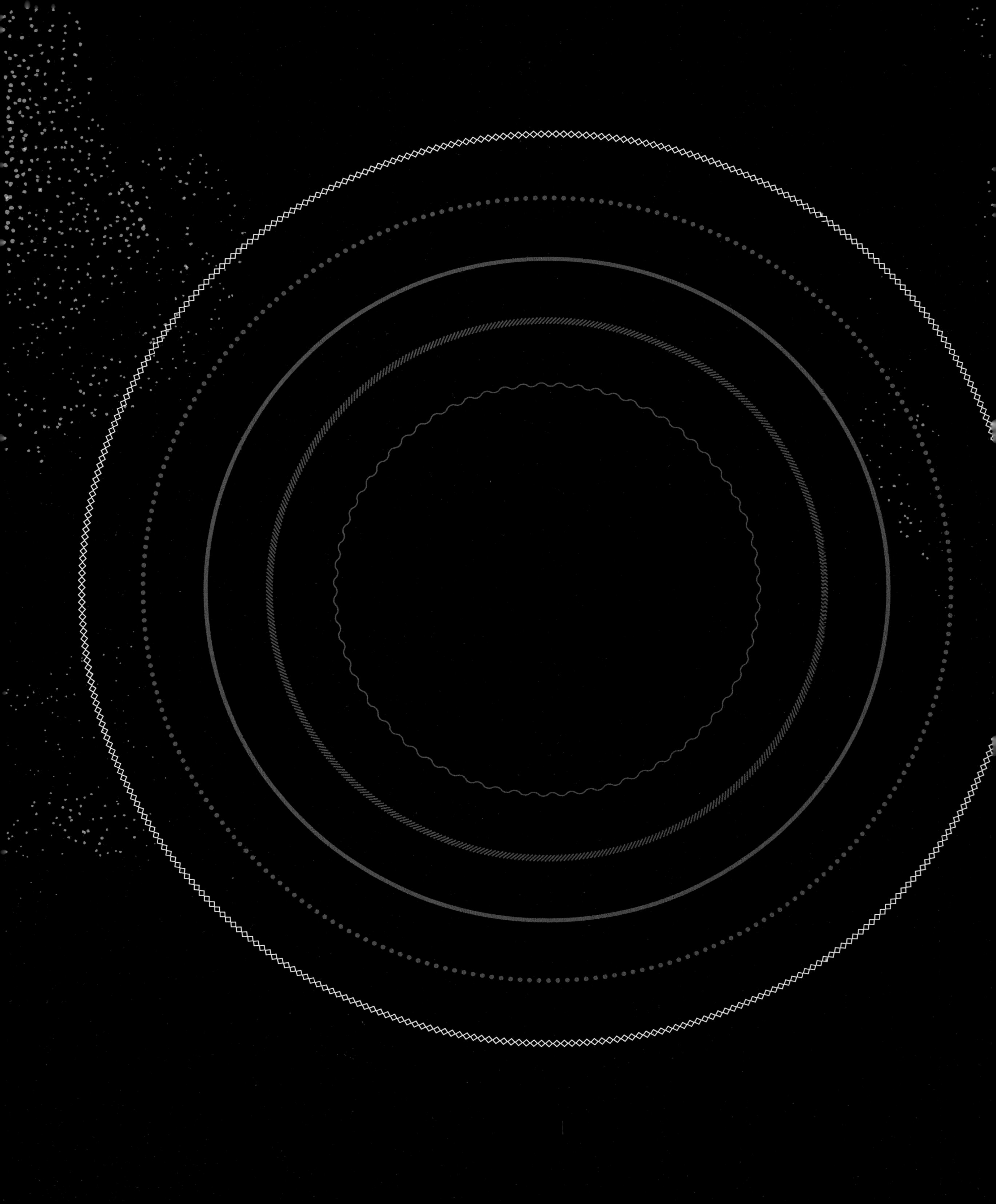

ZWISCHENGERICHTE

PETERSILIEN-PÜREE MIT SPIEGELEI UND SCHWARZEM TRÜFFEL

Eigentlich ist dieses Rezept ein Klassiker von Eckart Witzigmann. Er aber macht es mit Blattspinatpüree, während ich Petersilienpüree bevorzuge.

Das vermeintlich Einfachste an diesem Gericht ist das Spiegelei. Allerdings: Die meisten – auch meine Köche – scheitern daran. Ein perfektes Spiegelei muss nämlich richtig schön cremig sein.

Die Kunst beim Püree liegt darin, es in die gleiche cremige Konsistenz wie das Ei zu bringen – und dazu muss die Petersilie sorgfältig gezupft sein (es dürfen keine Stängel mehr dabei sein, sonst hat man schnell Fasern zwischen den Zähnen).

Der Sellerieschaum schließlich passt so gut dazu, weil er im erdigen Aromenfeld bleibt. Durch die Konsistenz des Schaums wirkt er im Mund allerdings ganz anders als das kompakte Püree und das Ei.

Der Trüffel bringt seine eigene Konsistenz ein, und ein kleines bisschen Minze sorgt für die bei diesem erdig-cremigen Gericht notwendige Frische.

1 Petersilienwurzel
1 Schalotte
1 EL Sonnenblumenöl
125 g Sahne
125 ml Milch

Petersilienwurzelpüree

Petersilienwurzel und Schalotte schälen und in Würfel schneiden. Petersilienwurzel in Salzwasser weich kochen, dann abtropfen lassen. Die Schalotte in einer Pfanne im Sonnenblumenöl anschwitzen. Die Petersilienwurzelwürfel zugeben und kurz mitrösten. Mit Sahne und Milch aufgießen und so lange einkochen, bis das Gemüse weich ist. Die Petersilienwurzelstücke aus der Flüssigkeit nehmen und im Mixer fein pürieren. Das Püree mit Salz und Pfeffer abschmecken.

3 Bund Petersilie
1 EL Petersilienwurzelpüree (siehe oben)
Muskatnuss
2 EL Schlagsahne

Petersilienpüree

Petersilienblätter von den Stängeln zupfen und in einem Topf in wallendem Salzwasser blanchieren, bis die Blätter fast verkocht sind. Abgießen und in Eiswasser abschrecken, damit die grüne Farbe erhalten bleibt. Etwa vier- bis fünfmal durch den Fleischwolf drehen, dann im Mixer sehr fein pürieren. In ein feines Passiertuch geben und die Flüssigkeit fest ausdrücken. Das Püree mit dem Petersilienwurzelpüree in einem Topf erwärmen, mit Muskatabrieb, Salz und Pfeffer abschmecken und mit Schlagsahne verfeinern.

1 EL Sonnenblumenöl
4 Eier

Spiegelei

Das Sonnenblumenöl in einer beschichteten Pfanne leicht erhitzen und salzen. Die Eier hineinschlagen und ganz langsam stocken lassen. Wenn auch das Eigelb bei Fingerprobe deutlich warm ist, die Pfanne vom Herd nehmen und die Eigelbe mit etwas Eiweiß mit einem Ring ausstechen.

Sellerieschaum (siehe S. 28)
schwarzer Trüffel (La Bilancia)
Minzeblättchen

Anrichten

Einen Spiegel aus Petersilienpüree auf einen Teller streichen. Das ausgestochene Spiegelei daraufsetzen und mit Sellerieschaum, gehobeltem schwarzen Trüffel und Minzeblättchen vollenden.

Pasta macht glücklich und darf natürlich auch in der vegetarischen Küche nicht fehlen. In diesem Fall wird sie mit einer mit Crème fraîche verfeinerten Kürbisfüllung versehen, denn laktisch passt perfekt zu vegetabil. Dazu sorgen geröstete Kürbiskerne für Biss und Röstaromen.

Erbsen bringen frische Farbe in das Gericht, und die Kürbisluft sorgt für eine Geschmacksexplosion direkt im Mund.

Wer statt Erbsensprossen zur Deko ein wenig Minze verwenden möchte, sorgt zusätzlich noch für einen kleinen Frischekick. Vorsicht aber bei der Dosierung.

KÜRBISRAVIOLI MIT ERBSENPÜREE UND KÜRBISLUFT

200 g Muskatkürbis
20 ml Olivenöl
Zucker
80 g Crème fraîche
100 g Semmelbrösel
3 Eigelb
Muskatnuss

Kürbisfüllung

Den Backofen auf 180 °C (Ober-/Unterhitze) vorheizen. Den Kürbis schälen, die Kerne entfernen und das Kürbisfleisch in 2 cm große Würfel schneiden. Auf ein mit Backpapier ausgelegtes Backblech legen, mit Olivenöl bestreichen und mit Salz und Zucker würzen. Im Ofen etwa 30 Minuten schmoren, bis der Kürbis goldbraun ist. Crème fraîche, Semmelbrösel und Eigelbe in einer Schüssel vermengen, den geschmorten Kürbis hinzugeben, mit einem Spatel zerdrücken und die Masse glatt rühren. Mit Muskatabrieb, Salz und Pfeffer abschmecken.

300 g Mehl
1 TL Olivenöl
2 Eier
3 Eigelb

Nudelteig

Mehl, Olivenöl, Eier, Eigelbe und etwas Salz in der Küchenmaschine mit dem Knethaken zu einem Teig verkneten. Teig in Frischhaltefolie wickeln und 1 Stunde im Kühlschrank ruhen lassen. Anschließend den Nudelteig dünn ausrollen.

Kürbisravioli

Kürbisfüllung (siehe S. 110)
Nudelteig (siehe S. 110)
1 Ei

Mit einem Teelöffel kleine Häufchen der Kürbisfüllung auf eine Hälfte der Nudelbahn setzen. Die andere Hälfte des Teigs mit verquirltem Ei bestreichen, über die Füllung klappen und leicht andrücken. Mit einem runden, gewellten Ausstecher (5 cm Durchmesser) Ravioli ausstechen. Einen Topf mit Salzwasser leicht zum Kochen bringen und die Ravioli darin etwa 3 Minuten gar ziehen lassen.

Erbsenpüree

200 g Erbsenschoten
80 g Sahne
Zucker
Cayennepfeffer

Die Erbsen aus der Schale brechen (palen) und in kochendem Wasser blanchieren, danach in Eiswasser abschrecken, damit ihre grüne Farbe erhalten bleibt. Ein paar Erbsen zum Anrichten beiseitelegen. Die restlichen Erbsen mit Sahne, Zucker, Cayennepfeffer und Salz im Mixer zu einer homogenen Masse pürieren.

Kürbisluft

300 g Muskatkürbis
Zucker
3 g Lecithin

Den Kürbis schälen und entkernen, anschließend entsaften. Den Saft mit Zucker, Salz und Pfeffer abschmecken, das Lecithin hinzufügen und alles in einen hohen Becher füllen. Mit dem Pürierstab schaumig aufschlagen.

Kürbiskugeln

1 Scheibe Muskatkürbis (à 1,5 cm Dicke)

Mit einem Kugelausstecher Kugeln (1 cm Durchmesser) aus dem Kürbis stechen. In kochendem Salzwasser 3 Minuten blanchieren.

Anrichten

Kürbiskerne, geröstet
Kürbiskernöl
Erbsensprossen

Die Kürbisravioli auf einen Teller geben und Kürbiskugeln, Erbsen, Erbsenpüree und Kürbiskerne daneben anrichten. Mit Kürbisluft, Kürbiskernöl und Erbsensprossen garnieren.

Ich liebe den Kontrast von frischen Tomaten und Berglinsen. Überbrückt wird er durch Sellerie, Karotte und Schalotte, mit denen man die Linsen kocht. Die erdigen Linsen werden außerdem mit Balsamico erfrischt. Die nötige Schärfe und Spannung ins Gericht bringt schließlich der Senfschaum.

Und die Vollkornnudeln? Geben dem Linsenspiegel Halt. So einfach kann es manchmal sein. Das Gericht können Sie zu Hause übrigens auch mit einer großen Tomate statt mehreren kleinen zubereiten.

GEFÜLLTE KIRSCHTOMATEN MIT BALSAMICOLINSEN, VOLLKORNNUDELN UND SENFSCHAUM

12 Kirschtomaten

Kirschtomaten

Die Kirschtomaten auf der Unterseite kreuzweise einritzen und in kochendem Wasser kurz blanchieren. Sofort in Eiswasser abschrecken, häuten, den Deckel abschneiden und beiseitelegen. Die Tomaten mit einem kleinen Mokkalöffel aushöhlen, unter fließendem Wasser auswaschen und zum Trocknen auf ein Tuch legen.

400 g Berglinsen
15 g Knollensellerie
15 g Karotte
15 g Schalotte
1 EL Sonnenblumenöl
dunkler Balsamicoessig
250 ml Gemüsebrühe (siehe S. 24)
4 EL kalte Butter
2 EL Schlagsahne
2 EL frisch geschnittener Kerbel

Balsamicolinsen

Die Linsen etwa 24 Stunden in Wasser einweichen. Sellerie, Karotte und Schalotte schälen und würfeln. Sonnenblumenöl in einem Topf erhitzen und das Gemüse darin andünsten. Die Linsen abgießen, abspülen und mit anschwitzen. Mit etwas Balsamico ablöschen, mit Gemüsebrühe auffüllen und die Linsen in etwa 20 Minuten bissfest kochen. Zum Schluss kalte Butter und geschlagene Sahne untermischen und mit Balsamico, Kerbel, Salz und Pfeffer abschmecken.

40 g Vollkornspaghetti
Senfschaum (siehe S. 29)

Anrichten

Die Vollkornspaghetti in Salzwasser bissfest kochen und zu kleinen Nestern gedreht auf Teller legen. Einen Spiegel der Balsamicolinsen darauf verteilen. Die ausgehöhlten Tomaten kurz in heißem Salzwasser erwärmen und mit Balsamicolinsen füllen. Die gefüllten Tomaten auf den Linsenspiegel setzen und die Tomatendeckel wieder auflegen. Senfschaum separat dazuservieren.

Dieses Gericht ist eine Ode an die Karotte – in unerwarteter Konsistenz.

Tapiokaperlen (aus der Maniokwurzel stammend) eignen sich hervorragend dafür, mit einem Gemüse zusammen gekocht zu werden, weil sie Geschmack und Farbe des Gemüses annehmen und gleichzeitig ihre eigene, geleeperlenartige (Kaviar-)Konsistenz behalten.

Thai-Spargel und Kerbel bringen vor allem Grün ins Gericht. Der Karottenschaum lässt den konzentrierten Geschmack der Karotte im Mund aufblühen.

Es ist faszinierend, wie man bei diesem Gericht den süß-erdigen, ganz spezifischen Geschmack der Karotte noch viel deutlicher wahrnimmt, wenn man vorab ein wenig Karottenparfüm sprüht. Bei Ihnen zu Hause riechen Sie einfach an frisch geriebener Karotte.

KAROTTEN-TAPIOKA-RISOTTO MIT GRÜNEM SPARGEL UND KAROTTENLUFT

120 g Tapiokaperlen
50 g Champignons
Saft von 1 Zitrone
2 Schalotten
30 ml Olivenöl
250 ml Karottensaft

Karotten-Tapioka-Risotto

Die Tapiokaperlen in wallendem Salzwasser 8 Minuten kochen. Durch ein feines Sieb abgießen, mit kaltem Wasser abschrecken und beiseitestellen. Die Champignons säubern, in 5 mm große Würfel schneiden und mit etwas Zitronensaft beträufeln. Schalotten schälen und ebenfalls würfeln. Schalotten und Champignons im Olivenöl andünsten und mit dem restlichen Zitronensaft ablöschen. Tapiokaperlen dazugeben und mit dem Karottensaft auffüllen. Leicht einkochen und mit Salz und Pfeffer würzen.

300 g Karotten
1 Prise Zimtpulver
3 g Lecithin

Karottenluft

Karotten entsaften und den Saft mit Salz, Pfeffer und Zimt abschmecken. Lecithin hinzufügen und alles in einen hohen Becher füllen. Mit dem Pürierstab schaumig aufschlagen.

10 Stangen Thai-Spargel
120 g Babykarotten
Kerbel
Karottengrün

Anrichten

Thai-Spargel putzen, in 5 cm lange Stücke schneiden, 1–2 Minuten in kochendem Salzwasser blanchieren und kalt abschrecken. Babykarotten schälen, Grün kürzen und in einem kleinen Topf in Salzwasser bissfest kochen. Den Karotten-Tapioka-Risotto in einen Teller geben. Thai-Spargel, Babykarotten und frisch geschnittenen Kerbel darauf anrichten. Mit Karottenluft und -grün garnieren.

Dieses Rezept eignet sich auch zum Brot-Reste-Essen, denn man kann wunderbar altbackenes Brot dazu verwenden. Und es muss auch nicht unbedingt Sonnenblumenbrot sein. Ich verwende es nur gerne, da es die Kerne (für den Biss) schon enthält.

Brotauflauf ist eine schöne Alternative zu normalem Brot, das zum Essen gereicht wird. Wie bei diesem gibt es auch hier viele Alternativen für begleitende Cremes: Auf der Basis von Crème fraîche und Quark können viele Gewürze und Kräuter variiert werden. Oder probieren Sie es mal mit Orangenzesten! Wichtig ist nur, dass die Sauce am Ende frisch und leicht säuerlich ist, um den basischen Geschmack des Brotauflaufs zu kontrastieren.

Je nach verwendetem Kraut können Sie mit dessen Aroma auch in das Gericht einführen. Brot selbst ist als Aroma eher schwer darstellbar.

BROTAUFLAUF MIT SCHNITTLAUCHCREME

4 Eier
80 g Frischkäse
1 Schalotte
1 TL Sonnenblumenöl
250 g Sonnenblumenvollkornbrot
½ Bund Petersilie
Muskatnuss
Butter
Semmelbrösel

Brotauflauf

Den Backofen auf 180 °C (Ober-/Unterhitze) vorheizen. Die Eier trennen. Den Frischkäse in einer Schüssel aufschlagen und die Eigelbe unterrühren. Die Schalotte schälen, würfeln und in einer Pfanne in Sonnenblumenöl kurz anschwitzen. Das Sonnenblumenbrot in Würfel schneiden und mitbraten. Abkühlen lassen. Die Petersilie schneiden, mit Muskatabrieb und etwas Salz mit dem Brot vermengen, dann unter die Frischkäsemasse ziehen. Eiweiße sehr steif schlagen und langsam unterheben. Vier Souffléformen (5 cm Durchmesser) mit Butter fetten, mit Semmelbröseln ausstreuen, zu zwei Dritteln mit der Brotmasse füllen und auf ein tiefes Backblech stellen. Die Formen ein Drittel hoch mit kochendem Wasser umgießen und etwa 18 Minuten im Ofen garen.

50 g Quark (20 % Fett)
50 g Crème fraîche
Muskatnuss
1 Schuss Worcestershiresauce
½ Bund Schnittlauch
Saft von ½ Zitrone

Schnittlauchcreme

Quark und Crème fraîche vermengen und mit Muskatabrieb, Salz und Pfeffer sowie Worcestershiresauce gut verrühren. Den Schnittlauch fein schneiden, kurz vor dem Anrichten unter die Masse ziehen und mit Zitronensaft abschmecken.

Gurkenscheiben, halbiert
Chiliringe
Schnittlauchröllchen

Anrichten

Die Schnittlauchcreme in einen tiefen Teller geben und den Brotauflauf aus der Form direkt daraufstürzen. Mit Gurke, Chili und Schnittlauch garnieren.

70-MINUTEN-EI MIT KÜRBIS, BUCHWEIZEN UND SCHWARZEM TRÜFFEL

Das 70-Minuten-Ei gart tatsächlich 70 Minuten bei 63 °C im Sous-Vide-Becken. Danach ist es erstaunlicherweise nicht steinhart, sondern cremig weich. Vor allem aber haben Eiweiß und Eigelb dieselbe Konsistenz.

Um zu vermeiden, dass das ganze Gericht durch das samtige Kürbispüree ganz in Cremigkeit verschwindet, geben der karamellisierte und geröstete Buchweizen sowie ein paar Trüffelscheiben den nötigen Biss.

Die Kürbisluft wirkt durch ihre sich erst im Mund intensiv entfaltende Aromatik erfrischend.

70-Minuten-Ei

4 Eier

Ein Sous-Vide-Becken auf 63 °C erwärmen. Die Eier im Ganzen in das Becken geben und 70 Minuten darin garen.

Zweierlei vom Kürbis

800 g Muskatkürbis
1 Schalotte
150 g Butter
150 ml Gemüsebrühe (siehe S. 24)
Muskatnuss

Den Kürbis halbieren, entkernen, 16 kleine Kugeln ausstechen und in Salzwasser weich kochen. Beiseitestellen. Den restlichen Kürbis schälen und grob zerkleinern. Schalotte schälen und klein schneiden. In einem mittleren Topf 50 g Butter zerlassen und Schalotte und Kürbis darin anschwitzen. Mit Brühe aufgießen, Topf abdecken und den Kürbis weich kochen. Alles im Standmixer fein pürieren, dabei nach und nach 90 g Butter zugeben. Mit Salz, Pfeffer und Muskatabrieb würzen. Vor dem Servieren die Kürbiskugeln kurz in der restlichen Butter anschwenken und mit Salz und Pfeffer würzen.

Buchweizen

20 g Buchweizen
Zucker

Den Buchweizen kurz in Wasser aufkochen, dann abseihen. Mit einem Tuch trocken tupfen und mit etwas Zucker in einer Pfanne goldgelb und knusprig rösten.

Kürbisluft

300 g Muskatkürbis
1 Prise Zimtpulver
3 g Lecithin

Den Kürbis schälen, entkernen und entsaften. Kürbissaft mit Salz, Pfeffer sowie Zimt abschmecken. Lecithin hinzufügen und alles in einen hohen Becher füllen. Mit dem Pürierstab schaumig aufschlagen.

Anrichten

schwarzer Trüffel (La Bilancia)
Kerbel

Das Kürbispüree in einen tiefen Teller geben und ein Ei aus der Schale vorsichtig in die Mitte gleiten lassen. Schwarzen Trüffel darüberhobeln und mit Kürbiskugeln, geschnittenem Kerbel, knusprigem Buchweizen sowie Kürbisluft garnieren.

GESCHMORTE ROTE ZWIEBEL MIT PASSIONS-FRUCHT

Bei diesem Gericht mag ich besonders die Kombination aus dem klassischen Geschmack geschmorter Zwiebeln (süßlich) und exotischer Fruchtigkeit der Passionsfrucht (süß-säuerlich). Abgemildert durch den Couscous sowie den mild-erdigen Kohlrabispiegel entsteht hier eine ganz besondere Aromenkombination.

Man muss sich und seine Gäste nicht auf jedes Gericht mit einem Duft einstellen, aber hier habe ich lange überlegt, wie es doch möglich wäre: Zwiebel geht gar nicht, denn frische Zwiebel riecht nicht wirklich gut und geschmorte lässt sich nicht zu Parfüm machen. Passionsfrucht hat als Duft ein zu saures Aroma und würde in die falsche Richtung führen. Aber: Eine frisch aufgeschnittene Maracuja bringt uns dazu, im Kopf für die Passionsfrucht bereit zu sein. Manchmal denkt unser Geruchsgedächtnis eben um die Ecke.

12 kleine rote Zwiebeln

Geschmorte rote Zwiebeln

Den Backofen auf 160 °C (Ober-/Unterhitze) vorheizen und die Zwiebeln darin 20 Minuten schmoren. Anschließend vorsichtig schälen.

100 ml Passionsfruchtsaft
1 Passionsfrucht
weißer Balsamicoessig
5 EL Läuterzucker (siehe S. 35)
6–7 EL Olivenöl

Passionsfruchtmarinade

Den Passionsfruchtsaft auf ein Drittel reduzieren, das ausgekratzte Mark der Passionsfrucht zugeben und mit Balsamico, Läuterzucker, Olivenöl, Salz und Pfeffer abschmecken.

500 ml Wasser
250 g Couscous
25 g Passionsfruchtmarinade (siehe oben)
Zesten von 1 unbehandelten Zitrone

Passionsfruchtcouscous

Das Wasser erhitzen, salzen, den Couscous damit übergießen und abgedeckt ziehen lassen. Mit Passionsfruchtmarinade, Salz, Pfeffer und Zitronenzesten abschmecken.

geschmorte rote Zwiebeln (siehe oben)
Passionsfruchtcouscous (siehe oben)

Gefüllte Zwiebeln

Von den geschmorten roten Zwiebeln oben einen Deckel abschneiden und die Zwiebeln mit einem Kugelausstecher vorsichtig aushöhlen. Mit Passionsfruchtcouscous füllen.

1 Kohlrabi

Kohlrabicarpaccio

Den Kohlrabi in 1 mm dicke Scheiben schneiden und in kochendem Salzwasser blanchieren. Anschließend mit einem passenden runden Ausstecher ausstechen.

Granatapfelkerne
Korianderkresse
gepuffter schwarzer Quinoa
Zesten von 1 unbehandelten Orange

Anrichten

Das Kohlrabicarpaccio halbrund auf einen Teller legen. Die gefüllten Zwiebeln daraufsetzen und die restliche Passionsfruchtmarinade anträufeln. Mit Granatapfelkernen, Korianderkresse, gepufftem Quinoa und Orangenzesten garnieren.

Dies ist ein Power-Aromen-Gericht. Denn die Orangen mit ihren kräftigen ätherischen Ölen können sich hier frei entfalten. Aber auch ein anderes ätherisches Öl bekommt seine Bühne: Der Lorbeer, der zu einem der besten Parfüms in meiner Sammlung zählt. Das Faszinierende am Lorbeer ist, dass man den Duft sofort erkennt, ihn meist aber nicht zuordnen kann.

Die Ravioli bestehen hier nicht aus Pasta, sondern aus mit Agar-Agar gebundener Orangenessenz, gefüllt mit Karotten, die die Orangen harmonisch ergänzen. Dadurch wird das Gericht sehr filigran und kann nur mit einem weiteren filigranen Aroma ergänzt werden: dem Spargel.

ORANGENRAVIOLI MIT GRÜNEM SPARGEL UND KAROTTEN-ORANGEN-SUPPE

Orangenessenz

8 Orangen
600 ml Orangensaft
1 Lorbeerblatt
1 Wacholderbeere
2 Eiweiß
etwas Zitronensaft

Die Orangen schälen, klein schneiden und mit dem Orangensaft auf etwa ein Viertel einkochen. Lorbeerblatt und Wacholderbeere hinzufügen, 5 Minuten ziehen lassen und wieder entfernen. Den Sud abkühlen lassen. Die Eiweiße untermixen und langsam aufkochen. Wenn das Eiweiß geronnen und ein klarer Sud entstanden ist, diesen langsam durch ein feines Tuch oder einen Kaffeefilter passieren. Mit Zitronensaft abschmecken.

Orangengelee

250 ml Orangenessenz (siehe oben)
3,25 g Agar-Agar

Die Orangenessenz mit Agar-Agar aufkochen. Durch ein Sieb in ein flaches Gefäß 5 mm hoch eingießen und erkalten lassen. Den gelierten Saft vorsichtig aus dem Gefäß stürzen, mit einem Ring (4–5 cm Durchmesser) Kreise ausstechen und horizontal zu Boden und Deckel aufschneiden.

Füllung

120 g Karotten
Butter
Zucker

Karotten schälen, in feine Würfel schneiden und in etwas Butter kurz anschwitzen. Mit Zucker, Salz und Pfeffer abschmecken.

Orangenravioli

Orangengelee (siehe S. 124)
Füllung (siehe S. 124)
2 EL Orangenessenz (siehe S. 124)
Butter

Auf den Boden der Orangengeleekreise 1 TL der gebratenen Karotten geben, dabei den Rand frei lassen. Rundum mit Orangenessenz bestreichen, sofort den Deckel darauflegen und leicht andrücken. Die fertigen Ravioli auf einen mit Butter bestrichenen Teller geben und vor dem Anrichten warm stellen.

Grüner Spargel

20 Stangen grüner Spargel
Butter

Den Spargel mit kochendem Salzwasser kurz überbrühen, dann in Eiswasser abschrecken. Den abgetropften Spargel in 5 cm lange Spargelspitzstücke schneiden und kurz in etwas zerlassener Butter schwenken. Mit Salz und Pfeffer würzen.

Karotten-Orangen-Suppe

200 g Karotten
1 Schalotte
10 g Butter
1 Scheibe frischer Ingwer
160 ml Gemüsebrühe (siehe S. 24)
160 ml Orangensaft
120 g Sahne
etwas Abrieb von 1 unbehandelten Orange
Zucker

Karotten und Schalotte schälen und fein würfeln. Die Butter zerlassen und das Gemüse samt Ingwerscheibe darin ohne Farbe anschwitzen. Mit Gemüsebrühe und Orangensaft ablöschen und leicht köcheln lassen. Wenn die Karotten weich sind, mit Sahne aufgießen und alles im Mixer fein pürieren. Durch ein Sieb passieren und mit etwas Orangenabrieb, Zucker, Salz und Pfeffer abschmecken.

Marinierte Orangenfilets

2 Orangen
90 ml Orangenessenz (siehe S. 124)
12 Estragonblättchen

Die Orangen filetieren und in der Orangenessenz warm ziehen lassen. Estragonblättchen untermischen.

Anrichten

etwas Abrieb von 1 unbehandelten Orange

Die Ravioli auf eine Schiefertafel legen, die Suppe in Espressotässchen gießen. Spargelspitzen und Orangenabrieb auf den Ravioli drapieren und Orangenfilets daneben anrichten.

Wie bei den Orangenravioli (siehe S. 124) habe ich hier auf Pasta verzichtet. Die Raviolihüllen bestehen aus einer mit Agar-Agar gebundenen Pilzessenz, gefüllt mit Pilzduxelles.

Das gesamte Gericht ist ein Spiel mit Konsistenzen. Denn Konsistenz verändert den Geschmack und macht es möglich, die ganze Bandbreite der Aromenvielfalt eines Gemüses, oder eben hier der Pilze, zu präsentieren.

Der Wirsing mit seiner ganz leicht bitteren Note kontrastiert dezent die pilzige Erdigkeit. Stimmig wird das erdige Gericht durch die frische, leicht säuerliche Komponente des Apfels, mit Verstärkung von Alkohol (Apfelschnaps), Zitrone und Orange. Der Grenadinesirup schließlich ist ein Kann, kein Muss – macht die Tupfer im braungrünen Gericht aber farblich intensiver.

KLARE PILZRAVIOLI MIT WIRSINGGEMÜSE

Pilz-Duxelles

200 g Champignons
1 Schalotte
15 g Butterschmalz
1 TL weißer Balsamicoessig
Cayennepfeffer

Die Champignons säubern, die Schalotte schälen und beides in feine Würfel schneiden. Das Butterschmalz in einer Pfanne erhitzen und Schalotte und Champignons darin anschwitzen, bis das aus den Pilzen austretende Wasser verdunstet ist. Mit Balsamico ablöschen und mit Cayennepfeffer und Salz würzen.

Pilzravioli

280 ml Pilzessenz (siehe S. 25)
4 g Agar-Agar
Pilz-Duxelles (siehe oben)

In einem Topf 250 ml Pilzessenz mit 3,25 g Agar-Agar aufkochen, dann etwa 5 mm hoch in ein flaches Gefäß gießen und erkalten lassen. Das fertige Gelee mit einem runden Ausstecher (5 cm Durchmesser) ausstechen. Die Kreise wie ein Brötchen aufschneiden und mit der Pilz-Duxelles-Masse füllen. 2 EL Pilzessenz mit dem restlichen Agar-Agar aufkochen und die Raviolränder damit zusammenkleben.

Wirsinggemüse

1 Wirsing
50 g Schalotten
1 EL Sonnenblumenöl
Muskatnuss
schwarzer Trüffel (La Bilancia)

Den Wirsing waschen, vom Strunk befreien und Blätter ablösen. In einem großen Topf Salzwasser zum Kochen bringen und den Wirsing darin blanchieren, anschließend abgießen und in Eiswasser abschrecken, damit er seine Farbe behält.
Die Schalotten in kleine Würfel schneiden und in Sonnenblumenöl glasig dünsten. Den Wirsing zugeben und mit Salz, Pfeffer und Muskatabrieb abschmecken. Kreise (5 cm Durchmesser) aus den Wirsingblättern ausstechen und mit dem in dünne Scheiben geschnittenen schwarzen Trüffel zu einem Türmchen zusammenbauen.

Gebratene Steinpilze

4 mittelgroße Steinpilze
Sonnenblumenöl

Steinpilze putzen, säubern und vierteln. In einer beschichteten Pfanne in Sonnenblumenöl anbraten und mit Salz und Pfeffer würzen.

Waldpilzsuppe

230 g gemischte Waldpilze
80 g gemischtes Gemüse (Weißes vom Lauch, Knollensellerie, Champignons)
2 Schalotten
50 g Butter
20 ml Sherry
20 ml Madeira
700 ml Gemüsebrühe (siehe S. 24)
200 g Sahne
Zucker

Waldpilze, Lauch, Sellerie und Champignons putzen, säubern und in feine Stücke schneiden. Schalotten schälen und in Streifen schneiden. Die Butter in einem Topf zerlassen und Gemüse und Pilze darin gut anschwitzen. Mit Sherry und Madeira ablöschen und einkochen lassen. Mit Gemüsebrühe auffüllen und ebenfalls reduzieren. Sahne hinzugießen und mit Zucker, Salz und Pfeffer abschmecken. Alles im Mixer pürieren und durch ein feines Sieb streichen.

Waldpilz-Espuma

200 g Eiweiß
200 ml Waldpilzsuppe (siehe oben)

Das flüssige Eiweiß mit der Suppe verrühren. In einen iSi-Sahnespender füllen und zwei N2O-Kapseln eindrehen.

Apfelgelee

6 rote Äpfel
100 g Zucker
20 ml Apfelschnaps
Saft von ½ Zitrone
Schale von 1 unbehandelten Orange
1 TL Grenadinesirup
Maisstärke zum Binden

Die Äpfel entsaften und den Saft mit den restlichen Zutaten außer der Stärke aufkochen. Reduzieren und mit etwas angerührter Maisstärke leicht binden. In eine Spritzflasche füllen.

Anrichten

Trüffelfond (siehe S. 35)

Die Ravioli warm auf einem Teller anrichten, gebratene Steinpilze anlegen. Das Wirsingtürmchen mit dem Trüffel danebensetzen, Apfelgelee in Punkten auf den Teller dressieren. Zum Schluss den Trüffelfond in eine Espressotasse füllen und den Waldpilz-Espuma daraufschäumen.

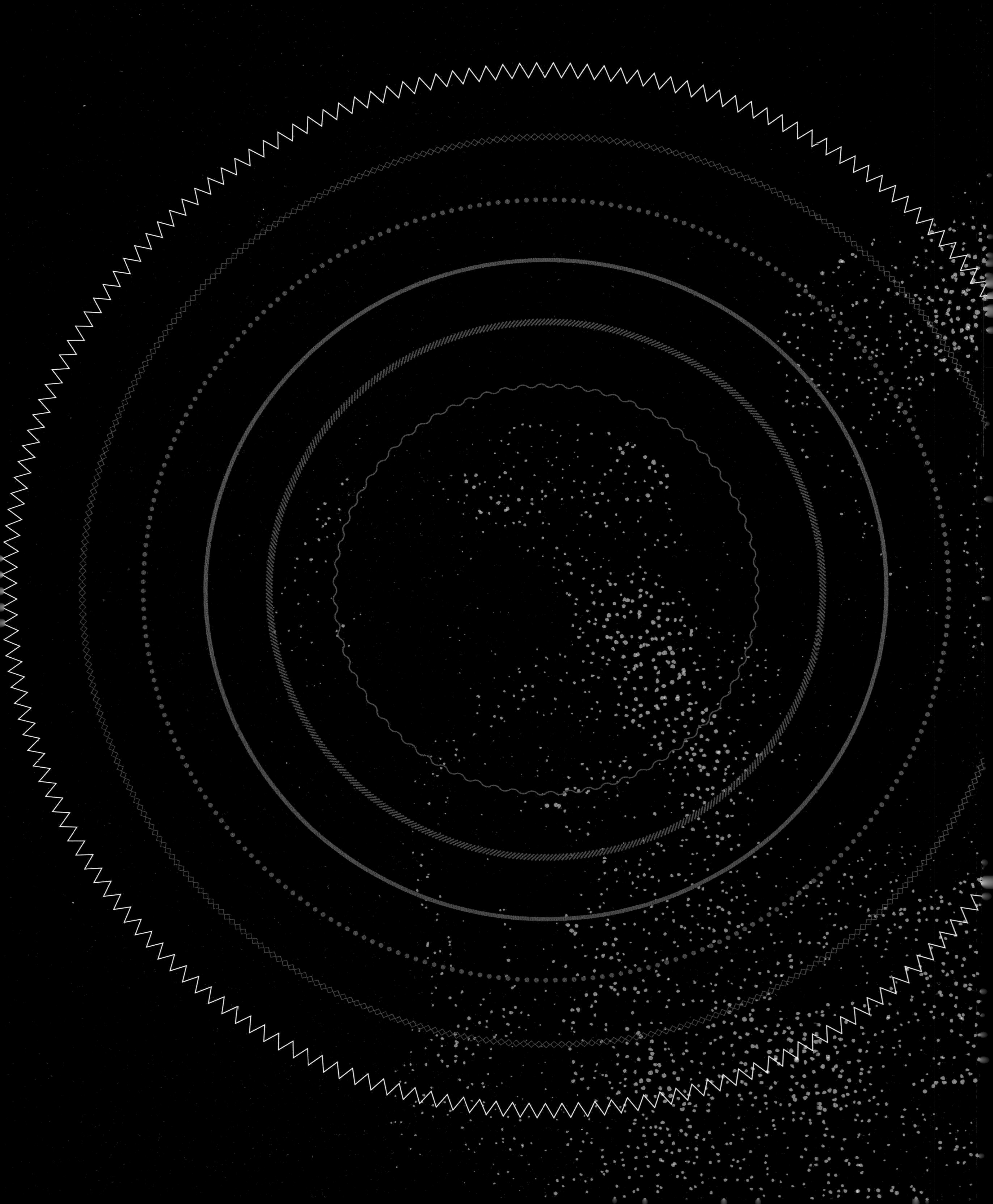

HAUPTGERICHTE

Dieses Gericht ist während der Steinpilzzeit eigentlich immer auf meiner Karte in Prielau zu finden. Es wirkt eher unspektakulär, ist jedoch unglaublich geschmacksintensiv.

Gleichzeitig wundern sich viele Gäste zunächst über die Kombination von Steinpilzen und Pfirsich. Aber das ist ja die Aufgabe eines Kochs, auch ungewöhnliche Aromenkombinationen zum Wohlgeschmack zu verbinden.

Steinpilze haben natürlich ihr ganz unverwechselbares Aroma, nicht nur in der Beilage, sondern auch als Füllung der Cannelloni mit einem Schuss Sojasauce. Die gebratenen lösche ich mit Balsamico ab, bringe also Säure ins Spiel.

Dazu der Weinbergpfirsich mit Lorbeer, Anis und Pfirsichschnaps, also eine Kombination von extremer Süße, Seifigkeit und Säure – das bringt eine Spannung in dieses Gericht, die ich einfach liebe.

CANNELLONI VON STEINPILZEN MIT GEGRILLTEM PFIRSICH UND PILZESSENZ

Nudelteig

100 g gelber Nudelteig (siehe S. 32)
100 g roter Nudelteig (siehe S. 32)
Mehl
1 Eiweiß

Die Nudelteige länglich etwa 5 mm dick ausrollen. Den gelben Teig mit Mehl bestäuben, den roten Nudelteig in 1 cm breite Streifen schneiden. Den gelben Teig mit verquirltem Eiweiß bepinseln und die roten Streifen mit je 1 cm großen Abständen aufkleben. Nun den Teig länglich auf 2 mm Dicke ausrollen und in 10 cm breite Bahnen schneiden. Die Teigbahnen in Salzwasser blanchieren und auf einem Tuch trocknen.

Steinpilzfüllung

120 g Steinpilze
Butter
1 Schuss Sojasauce
80 ml Steinpilzessenz (vgl. Pilzessenz, S. 25)
1 TL frisch geschnittene Petersilie
Abrieb von ½ unbehandelten Zitrone

Steinpilze säubern, in 5 mm große Würfel schneiden und in einer Pfanne mit etwas Butter anschwitzen. Mit einem Schuss Sojasauce ablöschen und mit der Steinpilzessenz aufgießen. Langsam einkochen lassen. Wenn die Pilze eine dicklich cremige Konsistenz erreicht haben, mit Petersilie, Zitronenabrieb, Salz und Pfeffer würzen. Auskühlen lassen und in einen Spritzbeutel füllen.

Cannelloni

Steinpilzfüllung (siehe S. 134)
Nudelteig (siehe S. 134)
1 Eigelb
Butter

Den Backofen auf 100 °C (Ober-/Unterhitze) vorheizen. Die Steinpilzfüllung längs auf die Nudelteigbahnen auftragen. Die Ränder mit etwas verquirltem Eigelb bepinseln und den Teig wie zu einer langen Zigarre einrollen. In vier gleich große Stücke schneiden, auf einen mit Butter bestrichenen Teller geben und mit Frischhaltefolie überziehen. Im Ofen etwa 10 Minuten wärmen.

Gegrillter Pfirsich

2 Weinbergpfirsiche
250 ml Pfirsichsaft
10 ml Pfirsichschnaps
1 Lorbeerblatt
½ Anisstern
2 Pimentkörner

Die Pfirsiche halbieren, entsteinen und in zwölf gleich große Stücke schneiden. In einer Grillpfanne auf den Schnittseiten braten, sodass ein Grillmuster entsteht. Pfirsichsaft und -schnaps in einem Topf etwas einkochen. Gewürze hinzugeben und ca. 30 Minuten ziehen lassen, dann die Gewürze wieder entfernen und die Pfirsichstücke je nach Geschmack etwa 24 Stunden einlegen.

Anrichten

gebratene Steinpilze (siehe S. 147)
Pilzschaum (siehe S. 26)
Minzeblättchen
Kresse

Die Cannelloni auf einem Teller anrichten, gegrillten Pfirsich daneben platzieren. Die gebratenen Steinpilze dazugeben und mit Pilzschaum abrunden. Mit Minzeblättchen und Kresse garnieren.

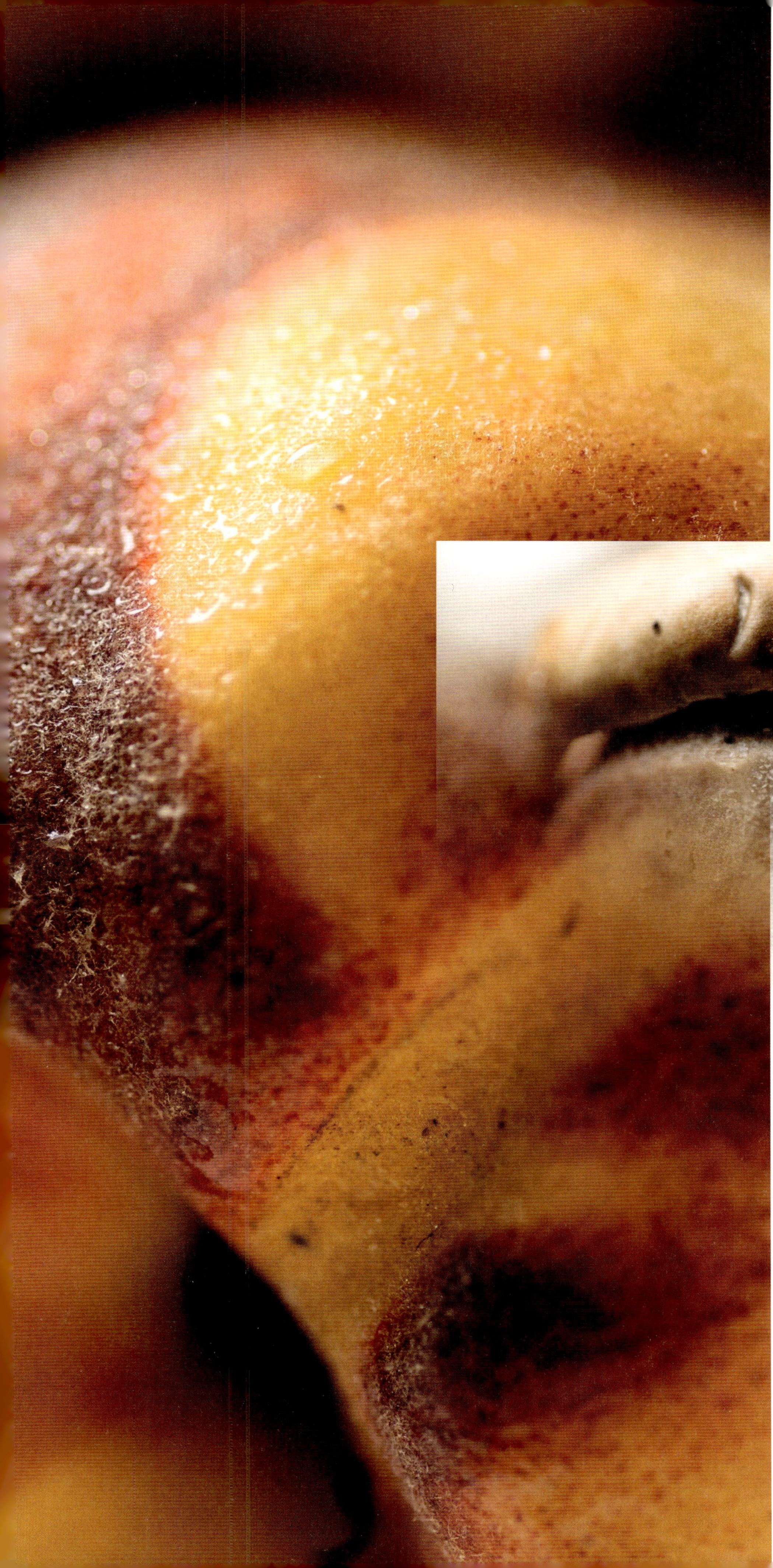

Ein wunderschön kräftig-deftiges Gericht, das die waldigen Aromen der Steinpilze (Sie können auch andere Pilze verwenden) mit etwas Meerrettich verschärft, laktisch mit Ei und Crème fraîche verbindet und mit Bergkäse, der mit im Ofen gebacken wird und eine kleine Kruste bildet, noch käsige Röstaromen ergänzt.

Der Petersilienschaum bringt ebenfalls eine leichte Schärfe – wer kennt das nicht vom frischen Butterbrot mit Petersilie.

Der letzte Frischekick kommt durch den Feldsalat, dessen Vinaigrette gerne säuerlich sein darf.

Bitte versuchen Sie nie, Meerrettich als Geruchseinstieg zu verwenden. Am Stück ist er zu unspezifisch und gerieben viel zu scharf, besonders in der Nase.

STEINPILZAUFLAUF MIT MEERRETTICH UND PETERSILIENSCHAUM

8 Scheiben weißes Baguette (à ca. 1 cm Dicke)
100 g Steinpilzschaum (siehe S. 26)
100 g getrocknete Steinpilze
1 EL Sonnenblumenöl
Butter
Muskatnuss
2 EL Crème fraîche
2 Eigelb
2 EL frisch geriebener Bergkäse

Steinpilzauflauf

Den Backofen auf 210 °C (Ober-/Unterhitze) vorheizen. Die Baguettescheiben im Steinpilzschaum durchtränken. Die getrockneten Steinpilze in Wasser einlegen, bis sie aufgeweicht sind. Dann ausdrücken und auf einem sauberen Tuch etwas trocknen lassen. Das Sonnenblumenöl in einer Pfanne erhitzen und die Pilze darin langsam goldbraun braten.
1 TL Butter zugeben, aufschäumen und die Pilze darin schwenken. Mit Muskatabrieb, Salz und Pfeffer würzen.
Vier Auflaufformen (10 cm Durchmesser) mit Butter fetten. Crème fraîche mit Eigelben verrühren und mit Salz und Pfeffer abschmecken. Eingeweichtes Brot, Pilze und die Creme abwechselnd zweimal in die Formen schichten und mit Bergkäse bestreuen, dann 20 Minuten im Ofen goldbraun backen.

100 g Feldsalat
weißer Balsamicoessig
Olivenöl

Feldsalat

Feldsalat putzen, waschen und trocken schleudern. Aus Essig, Olivenöl, Salz und Pfeffer eine Vinaigrette rühren. Den Feldsalat kurz vor dem Servieren mit der Vinaigrette anmachen.

1 TL frisch geriebener Meerrettich
Petersilienschaum (siehe S. 27)

Anrichten

Den fertigen Steinpilzauflauf auf einen Teller stürzen, Feldsalat darauf verteilen, etwas frischen Meerrettich darüberstreuen und mit Petersilienschaum abschließen.

Sowohl Artischocke (als Fundament) als auch Blumenkohl (aus dem hier zusammen mit Graupen und Bergkäse die Risottofüllung gemacht wird) mit ihren eher milden, basischen Aromen brauchen einen kräftigen, säuerlichen Gegenspieler. Dieser darf sie aber nicht überdecken, sondern sollte im Gegenteil ihren Eigengeschmack herauskitzeln. Die perfekte Gegenspielerin habe ich in der Madeirabutter gefunden, einer reduzierten Buttersauce mit intensivem Geschmack nach Madeira und Portwein. Der zusätzliche Portweinschaum bringt ein wenig sommerliche Leichtigkeit. Für einen Hauch von Röstaromen sorgen die gerösteten Romanescoröschen.

Ein Duftaroma empfehle ich bei diesem Gericht nicht, da Artischocke, Blumenkohl und Romanesco zu schwach für eine deutliche Geruchserinnerung sind.

GEFÜLLTER ARTISCHOCKENBODEN MIT TRÜFFEL-MADEIRA-BUTTER UND PORTWEINSCHAUM

Blumenkohlrisotto

150 g Blumenkohl
1 Schalotte
1 EL Sonnenblumenöl
100 g Gerstengraupen
1 Spritzer Weißwein
325 ml Gemüsebrühe (siehe S. 24)
60 g Butter
45 g Bergkäse

Die Röschen des Blumenkohls mit einer Reibe fein raspeln und in einer Pfanne ohne Fett goldbraun braten. Schalotte schälen, fein würfeln und in Sonnenblumenöl anschwitzen. Graupen zugeben und kurz mitdünsten. Mit etwas Weißwein ablöschen, mit Gemüsebrühe auffüllen und zum Kochen bringen. Bei halb geschlossenem Deckel 20 Minuten unter häufigem Rühren garen. Am Ende der Garzeit Butter und geriebenen Bergkäse unterrühren. Mit Salz und Pfeffer würzen und den Blumenkohl untermengen.

Artischockenböden

Saft von 1 Zitrone
4 mittlere Artischocken
0,1 g Safran

Eine Schüssel mit kaltem Wasser füllen und den Zitronensaft einrühren. Die Artischocken schälen, halbieren und von den mittleren Haaren befreien. Die Artischockenböden putzen und etwa 10 Minuten in das Zitronenwasser legen. In einem Topf Salzwasser erhitzen und die Artischockenböden darin mit dem Safran leicht abgedeckt kochen, bis sie sich mit einem Gemüsemesser ohne Druck durchstechen lassen.

Anrichten

8 kleine Romanescoröschen
4 EL Trüffel-Madeira-Butter (siehe S. 33)
2 Kirschtomaten, halbiert
2 EL geriebener Bergkäse
Portweinschaum (siehe S. 27)

Die Romanescoröschen in kochendem Salzwasser blanchieren, dann abtropfen und in einer Pfanne leicht anrösten. Die Trüffel-Madeira-Butter erwärmen und je einen Esslöffel davon auf einen Teller geben. Den Blumenkohlrisotto in die gegarten Artischockenböden füllen, mit Romanescoröschen, Kirschtomaten und Bergkäse garnieren und auf den Butterspiegel legen. Den Portweinschaum angießen.

Die Alternative zum klassischen Wiener Schnitzel. Wobei mir ganz wichtig ist: Ich mache keine Fleischersatzgerichte (z. B. aus gepresster Soja statt Kalb). Aber ab und zu mit der Optik eines Fleischklassikers zu spielen macht Spaß. Und wie beim Wiener Schnitzel ist auch hier das Zusammenspiel von laktischer Panade, Säure durch die Zitrone, leichter Schärfe durch die Petersilie und Crunch im Mundgefühl wichtig. Also, im Vergleich:

Panade: Beim Wiener Schnitzel klassisch, hier zusätzlich mit Bergkäse, da die Zucchini selbst eher mild im Geschmack ist.

Beilage: Beim Wiener Schnitzel knusprige Bratkartoffeln und Salat, hier Spargelchips und grüner Spargel.

Zitrone: bei beiden gleich.

ZUCCHINISCHNITZEL MIT GRÜNEM SPARGEL UND BERGKÄSE

2 Eier
150 g feines Paniermehl
2 EL geriebener Bergkäse
4 kleine Zucchini
500 ml Milch
500 ml heißes Wasser
Sonnenblumenöl

Zucchinischnitzel

Die Eier in einer Schüssel verquirlen. Paniermehl und Bergkäse in einer Schale vermengen. Die Zucchini längs in etwa 1 cm dicke Scheiben schneiden. Die Milch erhitzen und mit dem Wasser vermischen. Die Gemüsescheiben darin 2 Minuten kochen, dann herausnehmen und abtropfen lassen. Die Zucchini durch das verquirlte Ei ziehen, im Bergkäsemehl wenden und in einer heißen Pfanne mit Sonnenblumenöl goldbraun braten.

600 g grüner Spargel
2 EL Sonnenblumenöl
5 EL Gemüsebrühe (siehe S. 24)

Grüner Spargel

Den Spargel waschen, die unteren Enden abschneiden und die Stangen in Salzwasser 10 Minuten garen. Dann herausnehmen und in grobe Stücke schneiden. Das Sonnenblumenöl in einer Pfanne erhitzen und den Spargel darin anbraten. Mit Gemüsebrühe ablöschen und mit Salz und Pfeffer würzen.

1 Zitrone

Zitronenfilets

Die Zitrone vollständig schälen, sodass die weiße Außenhaut komplett entfernt ist. Die Zitronenfilets vorsichtig zwischen den Häutchen herauslösen.

Petersilie
Spargelchips
Spargelspäne
2 Zitronen, halbiert und in Lemon Wraps gewickelt
Schnittlauchcreme (siehe S. 119)

Anrichten

Die Zucchinischnitzel auf einen Teller legen und grünen Spargel und Zitronenfilets darauf anrichten Mit Petersilie, Spargelchips und -spänen garnieren. Mit Zitronenhälften und Schnittlauchcreme servieren.

ELSÄSSER FLAMMKUCHEN MIT SCHWARZEM TRÜFFEL

Flammkuchenteig ist eigentlich nur eine Unterlage, die Sie grundsätzlich beliebig belegen können – und übrigens auch wunderbar vorbereiten.

Ich habe mich in diesem Fall für Sellerie-Trüffel-Creme und schwarzen Trüffel entschieden. Manchmal gibt es gar nicht mehr zu sagen, so ist das Gericht.

Und der Duft? Natürlich könnte man dieses Gericht mit einem Trüffel-Parfüm einleiten – in meinen Augen wäre das aber viel zu intensiv.

250 g Mehl
2 TL Olivenöl
100 ml Wasser

Flammkuchenteig

Mehl, Olivenöl, Wasser und 1 TL Salz zu einem glatten Teig verkneten und mindestens 1 Stunde ruhen lassen. Anschließend in vier Stücke teilen, zu kleinen Kugeln formen und diese jeweils sehr dünn ausrollen. Den ausgerollten Teig auf mit Backpapier ausgelegte Bleche legen.

350 g Knollensellerie
Saft von ½ Zitrone
Muskatnuss
150 g Sahne

Selleriepüree

Sellerie schälen und klein schneiden, dann mit Zitronensaft in Salzwasser weich kochen. Mit einem Schaumlöffel herausheben und im Mixer fein pürieren. In einen Topf füllen und mit Salz, Pfeffer und Muskatabrieb würzen. Unter Rühren bei schwacher Hitze die Sahne zugießen und das Püree glatt rühren. 150 g für die Trüffel-Sellerie-Creme beiseitestellen. Das restliche Püree in eine Spritzflasche füllen und warm halten.

2 Eigelb
50 g Quark (20 % Fett)
80 g Crème fraîche
Muskatnuss
2 EL Trüffelcreme (siehe S. 53)
150 g Selleriepüree (siehe oben)

Trüffel-Sellerie-Creme

Eigelbe, Quark und Crème fraîche in einer Schüssel verrühren und mit Muskatabrieb, Salz und Pfeffer würzen. Trüffelcreme und Selleriepüree unterrühren.

Trüffel-Sellerie-Creme (siehe oben)
Flammkuchenteig (siehe oben)

Flammkuchen

Den Backofen auf die höchst mögliche Stufe vorheizen, am besten wären 350 °C (Ober-/Unterhitze). Trüffel-Sellerie-Creme dünn auf den Flammkuchenteig auftragen und 6–8 Minuten im Ofen backen.

schwarzer Trüffel (La Bilancia)
Kresse

Anrichten

Den Flammkuchen aus dem Ofen nehmen und etwas schwarzen Trüffel darüberhobeln. Ein paar Tupfer Selleriepüree auf den Tellerrand dressieren und den Flammkuchen mit Kresse garnieren. Sofort servieren.

AUBERGINE MIT STEINPILZEN UND BERGKÄSE-EIS

Bei diesem Gericht gibt es zwei Dinge, die mich begeistern. Zum einen das unglaublich gute Zusammenspiel von Aubergine und gebratenen Steinpilzen. Zum anderen die Kombination ganz unterschiedlicher Mundgefühle: Cremigkeit (die Aubergine), Biss (die gebratenen Steinpilze), Crunch (der Bergkäsechip), Kälte (das Bergkäseeis) und schließlich der Pilzschaum.

Ein so aufwendiges Gericht und so wenig Erklärung? Ja, manchmal muss man es einfach schmecken.

Geschmorte Aubergine

1 Aubergine
2 EL Olivenöl
1 Zweig Thymian
1 Zweig Rosmarin

Den Backofen auf 180 °C (Ober-/Unterhitze) vorheizen. Die Aubergine putzen und in vier gleich große Stücke schneiden. Das Olivenöl mit Thymian und Rosmarin in einer ofenfesten Pfanne erhitzen. Die Auberginenstücke mit Salz und Pfeffer würzen und von beiden Seiten im Öl anbraten, anschließend mitsamt der Pfanne für 15 Minuten in den Ofen schieben. Die Auberginen wenden und weitere 15 Minuten im Ofen garen.

Gebratene Steinpilze

6 mittelgroße Steinpilze
2 EL Olivenöl
1 EL weißer Balsamico
2 EL Butter
2 EL frisch geschnittene Petersilie
Abrieb und Saft von ½ unbehandelten Zitrone
Cayennepfeffer

Die Steinpilze säubern und in gleich große Stücke schneiden. Das Olivenöl in einer beschichteten Pfanne erhitzen und die Pilze darin von allen Seiten gut anbraten. Mit Balsamico ablöschen. Die Hitze reduzieren, die Butter zufügen und schwenken, bis sie leicht zu schäumen beginnt. Petersilie, Zitronenabrieb und -saft dazugeben und alles mit Cayennepfeffer, Salz und Pfeffer abschmecken.

Bergkäseeis

350 ml Milch
50 g Glukosesirup
200 g Bergkäse
120 g Eigelb
25 g Zucker
160 g Sahne

Milch und Glukosesirup in einem Topf aufkochen. Den geriebenen Bergkäse hinzufügen und gut verrühren. Eigelb und Zucker in einer Metallschüssel über dem Wasserbad aufschlagen, mit Bergkäsemilch und Sahne verrühren und in der Eismaschine gefrieren.

Bergkäsechips

80 g Bergkäse

Den Backofen auf 180 °C (Ober-/Unterhitze) vorheizen. Den Bergkäse fein reiben, mithilfe eines 4 cm großen Rings dünn auf ein mit Backpapier ausgelegtes Blech verteilen und im Ofen etwa 5 Minuten goldgelb backen.

Anrichten

Pilzschaum (siehe S. 26)

Die Aubergine auf einem Teller platzieren. Die Steinpilze in Kreisform darauf verteilen und das Bergkäseeis in die Mitte setzen. Einen Bergkäsechip hineinstecken und mit Pilzschaum vollenden.

Diese „Tarte Tatin“ von der Kartoffel hat sich nur den Teig und die Machart von der klassischen süßen Nachspeise geliehen. Während bei der süßen Vorlage die Äpfel den Säurepart übernehmen, sind es hier die Oliven, die bei der erdig-laktischen Kartoffeltarte Akzente setzen.

Der geröstete Blumenkohl-Couscous bringt noch eine weitere Geschmackskomponente dazu.

Wenn Sie viele Gäste bekommen, kann ich dieses Gericht sehr empfehlen. Sie können es perfekt vorbereiten und dann à la minute einfach in den Ofen schieben.

„TARTE TATIN“ VON DER KARTOFFEL MIT OLIVEN UND BLUMENKOHL

„Tarte Tatin“

4 festkochende Kartoffeln
1 EL Olivenöl
Muskatnuss
Cayennepfeffer
1 Msp. edelsüßes Paprikapulver
125 ml Gemüsebrühe (siehe S. 24)
300 g Blätterteig (aus dem Kühlregal)
Mehl

Die Kartoffeln schälen und der Länge nach in gleich große, dünne Spalten schneiden. Das Olivenöl in einer Pfanne erhitzen und die Kartoffeln darin langsam von allen Seiten anbraten. Mit Muskatabrieb, Cayennepfeffer, Paprikapulver, Salz und Pfeffer würzen und die Gemüsebrühe angießen. So lange schmoren, bis die Brühe leicht bindet. Inzwischen den Backofen auf 220 °C (Ober-/Unterhitze) vorheizen. Die Kartoffeln gleichmäßig in vier kleine Tarteformen (10 cm Durchmesser) schichten und den Fond darübergießen. Den Blätterteig mit Mehl bestäuben und 5 mm dick ausrollen. Vier Kreise in Größe der Formen ausstechen und auf die Kartoffeln legen. Die Tarte Tatin 35 Minuten im Ofen goldbraun backen.

Blumenkohl

½ Blumenkohl
1 EL Olivenöl
1 EL Butter
Muskatnuss

Den Blumenkohl von Strunk sowie Grün befreien und in 2–3 mm große Röschen schneiden. Das Olivenöl in einer beschichteten Pfanne erhitzen und die Röschen darin langsam goldbraun braten. Die Butter zufügen und kurz aufschäumen lassen, dann mit Muskatabrieb, Salz und Pfeffer würzen.

Anrichten

15 g schwarze Oliven
Kresse
Blumenkohlschaum (siehe S. 26)

Die schwarzen Oliven entsteinen, in Spalten schneiden und in einer Pfanne leicht braten. Die Tarte Tatin in die Mitte eines großen Tellers stürzen, Blumenkohlröschen und Kresse rundum verteilen, Blumenkohlschaum angießen und Olivenstückchen darüberstreuen.

Ein österreichischer Klassiker – und schon im Original vegetarisch. Eine Herausforderung an mich, kreativ zu werden. Obwohl dieses Gericht sehr viele Komponenten hat, ist es auch zu Hause leicht zuzubereiten und überrascht die Gäste mit seinen eher ungewohnten Produkt- und damit Aromenkombinationen. Vom Original geblieben sind die Nudeln und das Weißkraut (bei mir angeröstet).

Um aber eine schöne Aromenvielfalt und ein spannendes Mundgefühl zu erreichen, gibt es noch gebackenen Bergkäse (laktisch, Crunch und Cremigkeit zugleich) sowie Pekannüsse und Pinienkerne (nussige Zusatzkomponente, Biss) dazu. Und damit das Gericht nicht zu schwer wird, bringen die Melonenkugeln Frische hinein.

KRAUTFLECKERL MIT WEISSKRAUT, PEKANNÜSSEN, PINIENKERNEN UND FRITTIERTEN BERGKÄSEWÜRFELN

400 g Weißkraut
Butter
Zucker
125 ml Weißwein
125 ml Gemüsebrühe (siehe S. 24)
Muskatnuss
½ Netzmelone
1 EL Pinienkerne
1 EL Pekannüsse
200 g Bergkäse
Mehl
2 Eier
Semmelbrösel
400 g Penne

Das Weißkraut entstrunken und mit einer Aufschnittmaschine hauchdünn aufschneiden. In einem Topf 1 EL Butter erhitzen und 1 EL Zucker darin hellbraun karamellisieren. Das Kraut hinzugeben und kurz anrösten. Dann mit Weißwein und Gemüsebrühe ablöschen und langsam einkochen, bis die Flüssigkeit verdampft und das Kraut weich ist. Mit Muskatabrieb, Salz und Pfeffer würzen und beiseitestellen.
Die Netzmelone schälen, mit einem Kugelausstecher das Fruchtfleisch ausstechen und beiseitestellen. Pinienkerne und Pekannüsse in einer Pfanne mit 1 TL Zucker leicht karamellisieren und mit 1 TL Butter verfeinern. Vor dem Anrichten die Melonenkugeln kurz zu den Nüssen geben, um sie zu wärmen.
Den Käse in Würfel schneiden, in etwas Mehl wenden, durch die verquirlten Eier ziehen und in Semmelbröseln wälzen. Die Nudeln in reichlich Salzwasser bissfest kochen.

Sonnenblumenöl
geriebener Bergkäse

Anrichten

Kraut und Nuss-Melonen-Mischung unter die abgeseihten Nudeln ziehen. Die panierten Käsewürfel in 160 °C heißem Sonnenblumenöl ausbacken und über die Nudeln streuen. Alles auf einem Teller anrichten und mit geriebenem Bergkäse garnieren.

Aus dem österreichischen Klassiker wird ein mediterranes Genusserlebnis. Lassen Sie Ihre Gäste zuvor an einem Thymianzweig riechen oder Thymian zwischen den Fingern zerreiben, und sie befinden sich auf der richtigen Reise.

Kartoffelnockerl werden zu Gnocchi, begleitet von klassisch mediterranem Gemüse. Die erdige Kartoffel braucht ein wenig Säure, die sie durch die Tomate bekommt. Die Zucchini liefert Röstaromen und die Aubergine als Chip bringt Crunch.

Dazu nur Olivenöl, Thymian und ein bisschen Bergkäse. Denn diese frischen, kräftigen Produkte benötigen keine Sauce, um ihr Potential zu zeigen.

GEBRATENE GNOCCHI MIT ZUCCHINI, AUBERGINE UND KIRSCHTOMATEN

Gnocchi

250 g mehligkochende Kartoffeln
75 g Mehl
1 Ei
1 EL Butter

Den Backofen auf 180 °C (Ober-/Unterhitze) vorheizen. Die Kartoffeln waschen und im Ofen ca. 40 Minuten weich garen. Herausnehmen, pellen und lauwarm ausdampfen lassen. Dann durch die Kartoffelpresse drücken, mit Mehl und Ei vermengen und gut durchkneten. Die Kartoffelmasse zu einem dünnen Strang formen und in etwa 3 cm lange Stücke schneiden.
Mit einer Gabel die Gnocchi leicht flach drücken und in wallendes Salzwasser geben. Die Hitze zurücknehmen. Die Gnocchi sind fertig, wenn sie an der Oberfläche schwimmen. Herausheben, kurz abtropfen lassen und in etwas zerlassener Butter nachschwenken. Mit Salz und Pfeffer würzen.

Buntes Gemüse

100 g Zucchini
2 Schalotten
1 EL Olivenöl
100 g Kirschtomaten
1 Aubergine
2–3 EL Mehl
Sonnenblumenöl

Die Zucchini in mundgerechte Stücke schneiden. Die Schalotten schälen, würfeln und in Olivenöl anschwitzen. Zucchinistücke kurz in Salzwasser blanchieren, dann mit den Schalotten kurz anrösten. Die Kirschtomaten vom Strunk befreien und in Salzwasser etwa 10 Sekunden blanchieren. Die Haut vorsichtig abziehen und die Früchte halbieren. Die Aubergine in sehr feine Scheiben schneiden und leicht mit Mehl bestäuben. Gut abklopfen! In einem Topf mit 160 °C heißem Sonnenblumenöl knusprig frittieren, herausnehmen, auf Küchenpapier entfetten und salzen.

Anrichten

Bergkäse, gehobelt
4 Thymianstängel
Olivenöl

Gnocchi mit Zucchinigemüse und halben Tomaten in einen tiefen Teller geben. Mit Auberginenchips, gehobeltem Bergkäse und Thymian garnieren und mit etwas Olivenöl beträufeln.

Blumenkohl verwende ich unter anderem sehr gerne, weil es ihn praktisch ganzjährig in der Region gibt. Der Kohlgeschmack braucht aber einen kräftigen Gegenspieler, in diesem Fall die Trüffelsauce (mit zahlreichen Geschmackskomponenten). Mangoldblätter eignen sich gut als Trennblätter der „Lasagne", die Trüffel- und Blumenkohlscheiben sowie Blumenkohlröschen mit Walnussöl bringen Biss. Wenn Sie dieses Gericht zu Hause nachkochen, laden Sie nicht zu viele Gäste ein. Es ist beim Anrichten (ohne es kalt werden zu lassen) sehr aufwendig.

BLUMENKOHLLASAGNE MIT MANGOLD UND TRÜFFELSAUCE

Blumenkohlpüree

½ Blumenkohl
1 Schalotte
125 g Sahne
125 ml Milch
20 g Butter
Cayennepfeffer
Zitronensaft

Den Blumenkohl von Strunk und Grün befreien und in Röschen schneiden. Die Schalotte schälen und mit den Blumenkohlröschen klein schneiden. Sahne und Milch erhitzen und das Gemüse darin weich kochen.
Den Blumenkohl mit einem Schaumlöffel herausheben und im Mixer mit Butter und bei Bedarf etwas Kochflüssigkeit fein pürieren. Nach Belieben durch ein Haarsieb streichen. Das Püree mit Cayennepfeffer, Zitronensaft und Salz abschmecken.

Blumenkohlscheiben

½ Blumenkohl
Walnussöl

Den Blumenkohl von Strunk und Grün befreien und in Röschen schneiden. Die Röschen in 1 mm dicke Scheiben schneiden (ca. 45 Stück). Etwas Walnussöl in einer Pfanne erhitzen und die Blumenkohlscheiben darin goldbraun braten. Mit Salz würzen und auf Küchenpapier entfetten.

Mangold

12 kleine Mangoldblätter
1 TL Butter
etwas Gemüsebrühe (siehe S. 24)
Muskatnuss

Aus den Mangoldblättern zwölf Kreise (10 cm Durchmesser) ausstechen. Die Butter zerlassen, den Mangold darin kurz anschwitzen und etwas Gemüsebrühe angießen. Mit Muskatabrieb, Salz und Pfeffer würzen. Mangoldkreise auf einem Tuch abtropfen lassen.

1 Schalotte
20 g Karotte
20 g gelbe Karotte
20 g Lauch
1 Stange Staudensellerie
Sonnenblumenöl
½ Lorbeerblatt
2 Pfefferkörner
1 Wacholderbeere
¼ Knoblauchzehe
1 TL Tomatenmark
380 ml roter Portwein
80 ml Madeira
1 Zweig Thymian
1 Zweig Rosmarin
1 Petersilienstängel
200 ml Gemüsebrühe (siehe S. 24)
200 ml Trüffeljus (Plantin)
1 schwarze Trüffelknolle (La Bilancia, ca. 40 g)
Butter

Trüffelsauce

Schalotte, Karotten, Lauch und Sellerie putzen, bei Bedarf schälen und in Würfel schneiden. 1 EL Sonnenblumenöl in einem Topf erhitzen und das Gemüse darin 8–10 Minuten anrösten. Gewürze und Knoblauch zufügen und mitrösten. Tomatenmark zugeben, gut vermengen, dann nach und nach mit Portwein und Madeira ablöschen, dabei immer wieder einkochen lassen, bis Portwein und Madeira aufgebraucht sind. Thymian, Rosmarin und Petersilienstängel einlegen. Mit Brühe und Trüffeljus aufgießen und etwa 30 Minuten leicht köcheln lassen. Den Trüffel in kleine Würfel schneiden und in etwas Sonnenblumenöl kurz anschwitzen. Die Sauce passieren, zum Trüffel gießen und auf die gewünschte Konsistenz reduzieren. Mit Salz und Pfeffer abschmecken und vor dem Servieren mit etwas Butter montieren.

Blumenkohlröschen

16 Blumenkohlröschen
Walnussöl

Die Blumenkohlröschen in Salzwasser bissfest kochen, abgießen, in etwas Walnussöl schwenken und salzen.

Trüffelscheiben

1 schwarze Trüffelknolle (La Bilancia)

Den Trüffel in hauchdünne Scheiben hobeln.

Anrichten

Kresse
Portweinschaum (siehe S. 27)

Einen Ring (10 cm Durchmesser) auf einen Teller stellen und das Blumenkohlpüree etwa 1 cm dick hineingeben. Mangoldkreise und Blumenkohlscheiben abwechselnd daraufschichten. Mit schwarzen Trüffelscheiben abschließen, den Ring entfernen und mit Blumenkohlröschen und Kresse garnieren. Etwas Blumenkohlpüree, Blumenkohlröschen und Trüffel daneben anrichten. Trüffelsauce und Portweinschaum angießen und servieren.

Graupenrisotto an sich ist ein sehr traditionelles österreichisches (Eintopf-)Gericht. Ich habe es natürlich ein bisschen moderner gemacht. Im Risotto sind sehr viele Gemüse- und Aromenkomponenten enthalten, die einen kräftigen vegetabilen Geschmack ergeben – mit etwas Sahne laktisch gebunden. Paprikapulver bringt das „Gulasch" in die Pilze, welche auf dem Risotto drapiert werden. Die Garnitur aus Gemüsechips, Erbsen, Babykarotten und Kresse liefert Biss und Crunch. Das Ergebnis ist ein vegetarischer Eintopf, modern gestylt.

PILZGULASCH AUF GRAUPENRISOTTO

Pilzgulasch

600 g gemischte Pilze
1 Knoblauchzehe
50 g Schalotten
40 g Butter
1 TL edelsüßes Paprikapulver
3–4 EL Weißwein
5 EL Schlagsahne
1 EL frisch geschnittene Petersilie
1 EL frisch geschnittener Schnittlauch
Saft von ½ Zitrone

Pilze säubern und größere Exemplare halbieren. Knoblauch und Schalotten schälen, fein hacken und in der Butter hell anschwitzen. Pilze zugeben und mit Paprikapulver leicht bestäuben. Kurz mitdünsten, dann mit Weißwein ablöschen. Mit Salz und Pfeffer würzen und abgedeckt etwa 5 Minuten leicht köcheln. Die geschlagene Sahne unterrühren und mit geschnittenen Kräutern sowie Zitronensaft abschmecken.

Graupenrisotto

120 g Gerstengraupen
100 g Zwiebeln
60 g Staudensellerie
60 g Karotten
60 g Artischocken
60 ml Olivenöl
80 ml Weißwein
400 ml Gemüsebrühe (siehe S. 24)
60 g Bergkäse
80 g Butter
2 EL frisch geschnittener Kerbel
3 EL Schlagsahne

Die Graupen 4 Stunden in kaltem Wasser einweichen. Zwiebeln, Sellerie, Karotten und Artischocken putzen und in kleine Würfel schneiden. Das Olivenöl erhitzen und die Zwiebeln darin anschwitzen. Gemüse und abgetropfte Graupen zufügen und kurz mitdünsten. Mit Weißwein ablöschen und einkochen lassen. Dann die Gemüsebrühe nach und nach zugießen und köcheln, bis Graupen und Gemüse weich sind. Geriebenen Bergkäse sowie Butter unterrühren und bei Bedarf noch etwas Flüssigkeit zugeben, sodass eine cremige Konsistenz entsteht. Mit Kerbel, Salz und Pfeffer abschmecken. Kurz vor dem Servieren etwas geschlagene Sahne unterheben.

Gemüse-Chips

1 Rote Bete
1 gelbe Karotte

Gemüse schälen und in feine Scheiben raspeln. Auf Küchenpapier etwas trocken tupfen und in der Fritteuse knusprig frittieren.

Anrichten

8 Babykarotten mit Grün
20 g Erbsen
Kresse

Babykarotten schälen, Grün kürzen und mit den Erbsen in einem kleinen Topf in Salzwasser bissfest kochen. Einen Ring (10 cm Durchmesser) auf einen tiefen Teller legen und den Graupenrisotto etwa 1 cm hoch hineingeben. Pilzgulasch, Babykarotten, Erbsen und Gemüsechips darauf anrichten, den Ring entfernen und alles mit Kresse garnieren.

Kohlrabi ist ein tolles Gemüse, weil er sich so unterschiedlich verarbeiten lässt. In diesem Gericht spielt er gefüllt die Hauptrolle. Klassisch kennt man ihn so mit einer Hackfleischfüllung – aber die kommt in diesem Fall ja nicht infrage. Also habe ich mich für eine Gemüse-Champignon-Füllung entschieden, die mit Knoblauch und Muskatnuss schön kräftig wird.

Trotzdem braucht das Gericht noch ein bisschen Schärfe, und die liefert der Senfschaum auf elegante Weise. Die Romanescoröschen werden in Butter risoliert und bringen etwas nussigen Geschmack mit – und sehen einfach sehr schön aus.

Das Selleriepüree schmeichelt dem Mund durch seine Cremigkeit, bringt aber auch einen Hauch von Röstaromen mit, da die Selleriestücke vor dem Pürieren in der Pfanne angeröstet werden.

GEFÜLLTER KOHLRABI MIT CHAMPIGNONS, ROMANESCO, SELLERIEPÜREE UND SENFSCHAUM

4 junge Kohlrabi (à ca. 170 g)
60 g Butter
2 kleine Knoblauchzehen
40 g Frühlingszwiebel
70 g Sahne
Muskatnuss
60 g Champignons
2 TL Sonnenblumenöl
1 Scheibe Toastbrot ohne Rinde
1 EL Olivenöl
½ TL Puderzucker
125 ml Gemüsebrühe (siehe S. 24)

Kohlrabi

Alle Blätter bis auf die kleinen Herzblätter der Kohlrabis entfernen. Die Kohlrabis schälen und die Deckel abschneiden. Die unteren Hälften mit einem Kugelausstecher aushöhlen, dabei einen Rand von etwa 5 mm aussparen. Für bessere Standfestigkeit die Unterseiten flach schneiden. Die Deckel in kochendem Salzwasser kurz blanchieren und in Eiswasser abschrecken.

Den Backofen auf 150 °C (Ober-/Unterhitze) vorheizen. Die Hälfte der Butter in einem Topf erhitzen. Knoblauch hacken und mit der fein geschnittenen Frühlingszwiebel in der Butter anschwitzen. Das Kohlrabifleisch zugeben und die Sahne angießen. Mit Muskatabrieb, Salz und Pfeffer würzen. Die Hitze reduzieren und abgedeckt 10 Minuten köcheln lassen. Die Champignons säubern, die Stiele entfernen und die Pilze klein hacken. Das Sonnenblumenöl in einer kleinen Pfanne erhitzen und die Champignons darin 2 Minuten bräunen, dann salzen, pfeffern und zum Kohlrabigemüse geben. Das Toastbrot in 5 mm große Würfel schneiden, in einer Pfanne mit der restlichen Butter goldbraun rösten und ebenfalls unter das Gemüse mischen. Die ausgehöhlten Kohlrabis in einem Topf mit Olivenöl von allen Seiten anbraten und mit Puderzucker bestreuen. Mit der Kohlrabimasse füllen und die Deckel auflegen. Zurück in den Topf setzen, die Gemüsebrühe angießen und abgedeckt 25 Minuten im Ofen garen.

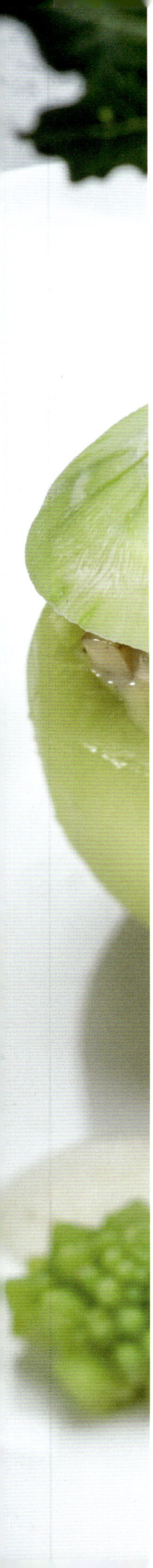

Selleriepüree

1 Schalotte
1 Knollensellerie
1 EL Sonnenblumenöl
125 g Sahne
125 ml Milch

Schalotte und Sellerie schälen und würfeln. Die Schalotte in einer Pfanne in Sonnenblumenöl anschwitzen. Selleriewürfel zugeben und kurz mitrösten. Mit Sahne und Milch aufgießen und so lange einkochen, bis der Sellerie sehr weich ist. Den Sellerie herausheben und im Standmixer fein pürieren. Mit Salz und Pfeffer abschmecken.

Romanesco

½ Romanesco
10 g Butter

Den Romanesco in kleine Röschen schneiden und in Salzwasser knackig blanchieren. Die Butter in einer beschichteten Pfanne erhitzen und den abgetropften Romanesco darin braten.

Anrichten

Senfschaum (siehe S. 29)
Kohlrabiblättchen

Gefüllte Kohlrabi auf einen Teller setzen. Selleriepüree in Nocken sowie Romanescoröschen daneben anrichten. Senfschaum zum Schluss zugeben und mit jungen Kohlrabiblättchen garnieren.

Maier
HANDEL
Mayer's

Maier
Export
HANDEL
Mayer's

Hier zeigt sich eine ganz andere Verwendung des Kohlrabis. Er wird zum Raviolo, gefüllt mit einer laktisch-scharfen Frischkäse-Kren-Füllung als Kontrapunkt zu seiner Milde. Da darf die Rote Bete, als zweites Kohlgemüse, gerne einfach ergänzen – und natürlich ihre kräftige Farbe mit ins Spiel bringen. Und die sVerbindung von Roter Bete und Kren, zusätzlich hier als Meerrettichschaum, ist ohnehin ein Klassiker. Im Winter könnte der Kohlrabi beispielsweise auch durch Petersilienwurzel ersetzt werden.

KRENRAVIOLI MIT ROTE BETE, KOHLRABI UND MEERRETTICHSCHAUM

65 g Meerrettichwurzel (Kren)
2 Eier
200 g Frischkäse
100 g Semmelbrösel
etwas Abrieb von 1 unbehandelten Zitrone
Cayennepfeffer
2 junge Kohlrabi
1 Eiweiß
Butter

Krenravioli

Den Meerrettich schälen und reiben. Die Eier trennen. Frischkäse, Meerrettich, Eigelbe und Semmelbrösel vermischen. Eiweiße aufschlagen und unterheben, dann mit Zitronenabrieb, Salz und Cayennepfeffer abschmecken. Geschälte Kohlrabis mit der Aufschnittmaschine in sehr dünne Scheiben schneiden. Mit einem Ausstecher 6 cm große Kreise ausstechen und diese kurz in Salzwasser blanchieren. In Eiswasser abkühlen, dann abtropfen lassen. Die Krenfüllung auf die Hälfte der Kohlrabikreise verteilen, die Ränder mit verquirltem Eiweiß bestreichen. Jeweils einen zweiten Kohlrabikreis auflegen und die Ränder leicht zusammendrücken. Die Ravioli mit etwas zerlassener Butter bestreichen und mit Salz und Pfeffer würzen.

1 mittelgroße Rote Bete
1 Lorbeerblatt
2 Wacholderbeeren
4 Pfefferkörner
10 ml Himbeeressig

Rote Bete

Die Rote Bete mit den Gewürzen und dem Himbeeressig in einem Topf mit kochendem Salzwasser weich garen. Auskühlen lassen, schälen und in kleine Keile schneiden.

1 Kohlrabi
Butter

Kohlrabi

Kohlrabi schälen, in 1 cm große Würfel schneiden und in einem Topf mit Salzwasser weich kochen. In Eiswasser abschrecken. Etwas Butter erhitzen und die abgetropften Kohlrabiwürfel darin warm ziehen lassen.

Meerrettichschaum (siehe S. 30)
kleine Kohlrabi-Herzblättchen
Meerrettich, frisch gerieben

Anrichten

Die Ravioli auf einem Teller anrichten, Kohlrabi- und Rote-Bete-Stückchen dazulegen. Mit Meerrettichschaum, Kohlrabiblättchen sowie geriebenem Meerrettich ausgarnieren.

BOHNEN-CASSOULET MIT KARTOFFEL-BAUMKUCHEN

Bohnenragout mit Kartoffeln – aber eben schick gemacht. Die Bohnen zeigen sich in ihrer ganzen Vielfalt (Sau-, Busch-, Breit- und Keniabohnen). Sie alle haben ein grün-grasiges Aroma, vor allem die Saubohnen bringen aber noch eine unterschiedliche Konsistenz ins Spiel. Der Kartoffelbaumkuchen erdet das Gericht geschmacklich. Die Baumkuchenstruktur entsteht, wie beim „echten" Baumkuchen, durch jeweils einzeln gebräunte Schichten, was aromatisch auch Röstaromen erzeugt. Für Säure, die dafür sorgt, dass das Gesamtergebnis nicht zu flach wird, sorgt der Portweinschaum. Zu diesem Gericht gibt es bei mir ein wunderbares Bohnenkrautparfüm. Aber auch mit einem Zweig Bohnenkraut können Sie gut den Weg weisen.

Bohnencassoulet

120 g Buschbohnen
120 g Breitbohnen
120 g Keniabohnen
120 g ausgebrochene Saubohnen
3 Zweige Bohnenkraut
2 weiße Zwiebeln
2 Knoblauchzehen
80 g Butter
Muskatnuss
150 ml Gemüsebrühe (siehe S. 24)
½ EL Dillessig
3 EL frisch geschnittener Dill

Die Bohnen putzen und schräg in etwa 2 cm lange Stücke schneiden. Die Saubohnen in Salzwasser kurz blanchieren und häuten. Die anderen Bohnen mit dem Bohnenkraut in einem Topf mit kochendem Salzwasser bissfest blanchieren, dann Wasser abgießen und das Bohnenkraut entfernen. Zwiebeln und Knoblauch schälen und in Scheiben schneiden. In einem Topf die Hälfte der Butter erhitzen und Zwiebeln und Knoblauch darin glasig anschwitzen. Alle Bohnen zugeben und schwenken. Mit Muskatabrieb, Salz und Pfeffer würzen und mit Gemüsebrühe aufgießen. Nach und nach die restliche Butter unterrühren. Mit Dillessig abschmecken und den geschnittenen Dill einstreuen.

Kartoffelbaumkuchen

450 g mehligkochende Kartoffeln
2 Eier
60 g weiche Butter
1 EL Mehl
Muskatnuss

Die Kartoffeln waschen, in Salzwasser weich kochen, abgießen, pellen und ausdampfen lassen. Die Eier trennen, Eiweiße zu Schnee schlagen und Eigelbe mit der weichen Butter schaumig schlagen. Mehl unterrühren und mit Muskatabrieb, Salz und Pfeffer abschmecken. Die lauwarmen Kartoffeln durch die Presse drücken, zur Eigelbmasse geben und den Eischnee unterziehen. Ein Backblech mit Backpapier auslegen, etwas Kartoffelmasse sehr dünn aufstreichen und unter dem Backofengrill backen, bis eine Bräunung zu erkennen ist. Die nächste Kartoffelschicht dünn auftragen und wieder backen. So fortfahren, bis die Masse komplett aufgebraucht ist. Den Kartoffelbaumkuchen weiterbacken, bis er eine leichte Färbung hat, dann aus dem Ofen nehmen, abkühlen lassen und in gleichmäßige Würfel schneiden.

Orangenfilets

1 Orange

Die Orange vollständig schälen, sodass die weiße Außenhaut komplett entfernt ist. Die Orangenfilets zwischen den Häutchen auslösen.

Anrichten

Bohnenkraut
Portweinschaum (siehe S. 27)

Das Bohnencassoulet auf vorgewärmte Teller geben, Orangenfilets, Bohnenkraut und Kartoffelbaumkuchen darauf anrichten. Mit Portweinschaum abrunden.

Ein klassisches Spargelgericht ist – zumindest ohne Schinken- oder Schnitzelzugabe – natürlich ohnehin vegetarisch, ich habe es jedoch ein wenig verfeinert. Spargel und Ei passen extrem gut zusammen, aus optischen Gründen habe ich mich für das kleine Wachtelei entschieden. Zum Ei wiederum ist der laktische Spargelschaum perfekt, statt klassisch mit Spinat bei uns mit Schalotten, die eine gewisse Schärfe mit einbringen. Erbse sorgt für Grün in der Optik (und im Geschmack) und der Spargelschaum mit Zitronen- und Orangensaft sowie die Orangenfilets spielen mit Säure und Süße.

WEISSER SPARGEL MIT KARTOFFELRÖSTI, ERBSENPÜREE UND SPARGELSCHAUM

Weißer Spargel

20 Stangen weißer Spargel
Zucker
Abrieb und Saft von ½ Zitrone
20 g Butter

Den Spargel waschen, schälen und die Enden abschneiden. Einen Topf mit Wasser sowie Spargelabschnitten erhitzen und mit Zucker, Zitronenabrieb und -saft, Butterflocken und Salz kräftig abschmecken. Den weißen Spargel in den leicht kochenden Fond legen und ca. 5–10 Minuten mit einem Tuch abgedeckt ziehen lassen.

Erbsenpüree

200 g Erbsen
80 g Sahne
Zucker
Cayennepfeffer

Erbsen aus der Schale brechen und in kochendem Wasser blanchieren, dann in Eiswasser abschrecken, damit die Farbe erhalten bleibt. Erbsen mit Sahne, etwas Zucker, Cayennepfeffer und Salz im Mixer zu einer homogenen Masse pürieren.

Rösti

350 g festkochende Kartoffeln
350 g mehligkochende Kartoffeln
5 Schalotten
Sonnenblumenöl

Kartoffeln schälen und grob reiben. Die Schalotten schälen und fein würfeln. Mit den Kartoffeln vermengen und mit Salz und Pfeffer würzen. Für jedes Rösti eine kleine Teflonpfanne mit etwas Sonnenblumenöl erhitzen, die Kartoffelmasse locker in den Pfannen verteilen und von beiden Seiten goldgelb braten.

Anrichten

30 g Erbsen
4 Wachteleier
Spargelschaum (siehe S. 31)
12 Orangenfilets (siehe S. 167)
Erbsensprossen

Die Erbsen kurz in kochendem Salzwasser bissfest blanchieren. Wachteleier zu Spiegeleiern braten und ausstechen. Den Spargel auf einem Teller anrichten und zwei kleine Rösti anlegen. Ein Wachtelspiegelei auf einem Rösti platzieren. Erbsen und Erbsenpüree dazwischen verteilen und mit Spargelschaum, Orangenfilets und Erbsensprossen vollenden.

Vorab: Nein, Blattgold schmeckt und duftet nach nichts – aber ich mag den edlen Kontrast zum deftigen Blauschimmelkäse sehr gern. Die Basis hier ist ein klassischer Risotto. Die Zugaben, kleine Blauschimmelwürfel und Macadamianüsse, geben neben dem nussigen Aroma der Macadamia zusätzlichen Biss in den cremigen Risotto. Und der Treviso-Salat sorgt für eine leicht bittere Geschmacksspitze.

Natürlich könnte man hier mit dem Duft von Blauschimmelkäse in das Gericht führen. Da dies jedoch an sich ein in Geschmack und Geruch sehr kräftiges Gericht ist, würde ich darauf verzichten.

BLAUSCHIMMELKÄSE-RISOTTO MIT BLATTGOLD

1 Schalotte
1 EL Sonnenblumenöl
150 g Risottoreis
100 ml Weißwein
350 ml Gemüsebrühe (siehe S. 24)
100 g Butter
120 g Blauschimmelkäse (Blue Stilton oder Gorgonzola)
80 g Bergkäse

Blauschimmelkäse-Risotto
Die Schalotte schälen und in feine Würfel schneiden. In einem mittleren Topf etwas Sonnenblumenöl erwärmen und die Schalotte darin glasig dünsten, dann den Risottoreis zugeben und glasig ziehen lassen. Alles mit Weißwein ablöschen und den Alkohol verdampfen lassen. Unter ständigem Rühren nach und nach die erwärmte Gemüsebrühe zugießen, dabei zwischendurch immer wieder einkochen. Wenn der Reis al dente ist, Butter und Blauschimmelkäse in Stücken unterrühren. Mit geriebenem Bergkäse, Salz und Pfeffer abschmecken.

80 g Radicchio di Treviso
Sonnenblumenöl

Treviso-Salat
Den Strunk vom Radicchio wegschneiden, den Salat unter kaltem Wasser waschen und in Stücke schneiden. Diese in einer Pfanne mit etwas Sonnenblumenöl leicht anschwitzen und mit einer Prise Salz würzen.

12 kleine Würfel Blauschimmelkäse (Blue Stilton oder Gorgonzola)
12 Macadamianüsse
Kresse
4 Blatt Blattgold

Anrichten
Den Risotto in einen Pastateller geben und den Treviso darauf anrichten. Gewürfelten Blauschimmelkäse, Macadamianüsse und Kresse auf dem Risotto verteilen. Das Blattgold mit einem trockenen Pinsel vom Papier nehmen und auf den Risotto fallen lassen, dann sofort servieren.

KRAUTWICKEL MIT BREZEN-KNÖDELN, NAVETTEN UND KOHLRABI

Navetten (auch Mairüben genannt) sind ein Gemüse, das viel zu selten verwendet wird. Vom Geschmack her ist es mehr Rettich als Rübe, aber mit einer sehr eleganten Schärfe. Und genau mit dieser geben Sie Kraut und Kohl eine schöne Geschmacksspitze. Krautwickel sind ein ganz klassisches Gericht, bei dem ich die Fleischfüllung mit einer Brezenknödelfüllung ersetzt habe, die die Wickel schön kompakt macht. Wichtig ist, die Babykohlhälften und auch die fertigen Wickel kurz in der Pfanne anzubraten, damit ein wenig Röstaromen in das Gericht kommen.

4 große Weißkohlblätter
8 Navetten (Mairüben)
2 Kohlrabi
8 Stangen grüner Spargel

Blanchiertes Gemüse
Weißkohlblätter vom Strunk befreien und zurechtlegen, Navetten mit einem Sparschäler schälen und das Grün kürzen. Kohlrabis oben und unten gerade abschneiden und mit dem Kugelausstecher 2 cm große Kugeln ausstechen. Grünen Spargel von unten bis zur Hälfte schälen, das holzige Endstück abschneiden. Die vorbereiteten Gemüse separat jeweils 4 Minuten in kochendem Wasser blanchieren, dann in Eiswasser abschrecken. Herausnehmen, trocken tupfen und beiseitelegen.

3 altbackene Brezen
2 EL frisch geschnittene Petersilie
1 Schalotte
50 g Butter
170 ml Milch
2 Eier
Cayennepfeffer

Brezenknödel
Brezen klein schneiden und mit der Petersilie in eine Schüssel geben. Schalotte schälen, in feine Würfel schneiden und in einem kleinen Topf in der Butter glasig schwitzen. Die Milch zugießen und warm werden lassen, dann über die Brezen gießen und 20–30 Minuten quellen lassen. Wenn die Masse etwas abgekühlt ist, die Eier zugeben, alles verkneten und mit Salz, Pfeffer und Cayennepfeffer abschmecken. Die Knödelmasse in Frischhaltefolie zu einem Bonbon (à etwa 3 cm Durchmesser) drehen, dann mit Aluminiumfolie umwickeln und die Enden wasserdicht eindrehen. Knödelrolle in einem Topf mit kochendem Wasser 15 Minuten gar ziehen lassen, dann herausnehmen.

blanchierte Weißkohlblätter (siehe oben)
Brezenknödel (siehe oben)
2 EL Sonnenblumenöl
2 Köpfe Babyweißkohl
Zucker
80 g Butter
200 ml Gemüsebrühe (siehe S. 24)

Krautwickel
Die Kohlblätter auslegen. Den Brezenknödel aus den Folien nehmen, in vier etwa 5 cm dicke Stücke schneiden, auf das Kraut legen und einwickeln. Krautwickel in einer Pfanne mit Sonnenblumenöl kurz andünsten. Die Babykohlköpfe halbieren und auf der Schnittfläche ebenfalls in der Pfanne braten. Mit Salz, Pfeffer und einer Prise Zucker abschmecken. Krautwickel und Kohlköpfe herausnehmen, Butter und Gemüsebrühe in die Pfanne geben und auf die Hälfte reduzieren lassen, sodass eine sämige Sauce entsteht.

Anrichten
Alle Gemüse sanft erwärmen und mit den Krautwickeln auf einem großen Teller anrichten. Mit der Buttersauce beträufeln.

Dies ist eines der Lieblingsgerichte unserer Gäste in der Schlossküche. Knödel lieben sowieso (fast) alle, dazu ein frischer Salat, perfekt. Wichtig für die Knödel sind altbackenes Brot und Ei als Grundlage. Das macht sie viel luftiger als reine Mehlknödel. Achten Sie auf eine schöne, cremige Konsistenz des Spinats, sonst fallen die Knödel leicht auseinander. Der Salat mit Dressing dient in diesem Gericht – aufgrund der Dominanz des Bergkäses – für Frische und Säurebalance. Statt Feldsalat funktioniert auch jeder andere grüne Salat – nur Krautsalat finde ich nicht so passend.

SPINATKNÖDEL MIT BERGKÄSE

Spinatknödel

300 g altbackenes Weißbrot
30 g Butter
1 Knoblauchzehe
1 Zwiebel
125 ml Milch
800 g Blattspinat
100 ml Gemüsebrühe (siehe S. 24)
2 Eier
2 EL Semmelbrösel
Muskatnuss

Das Weißbrot klein schneiden. Die Butter in einem Topf zerlassen. Knoblauch fein hacken, Zwiebel schälen und in kleine Würfel schneiden. Beides in der Butter glasig dünsten. Mit Milch auffüllen, über die Brotwürfel gießen und abgedeckt 10 Minuten quellen lassen.
Spinat in Salzwasser weich kochen, abgießen und gut ausdrücken. Dann mit dem Pürierstab mit der Gemüsebrühe fein mixen. Eier, Spinatpüree und Semmelbrösel zur Brotmasse geben, gut vermengen und mit Salz, Pfeffer und Muskatabrieb würzen. Aus der Masse etwa 12–15 kleine Knödel formen und in einem Topf mit Salzwasser 15 Minuten leicht simmernd kochen.

Brösel-Buttersauce

80 g Butter
3 EL Semmelbrösel

Butter erhitzen, Semmelbrösel zugeben und etwas Farbe nehmen lassen.

French Dressing

2 Eigelb
100 ml Sonnenblumenöl
15 ml weißer Balsamicoessig
150 g Sahne
100 ml Milch
1 EL Dijonsenf
Zucker

Eigelbe in einem hohen Becher mit dem Pürierstab leicht anschlagen, dann das Sonnenblumenöl langsam einlaufen lassen, sodass eine Mayonnaise entsteht. Die restlichen Zutaten zugeben, aufschlagen und mit Salz, Pfeffer und Zucker abschmecken.

Anrichten

12 Pfifferlinge
1 TL Butter
100 g Rucola
50 g Bergkäse

Die Pfifferlinge putzen, in einer Pfanne mit etwas Butter anbraten und mit Salz und Pfeffer würzen. Den Rucola waschen, trocken tupfen und in tiefen Tellern verteilen. Spinatknödel auf den Rucola legen, die Brösel-Buttersauce über die Knödel träufeln und den Bergkäse fein darüberreiben. Pfifferlinge zugeben und den Rucola mit French Dressing marinieren.

Der Grundgedanke bei diesem Gericht ist die Kombination von gebratenem Gemüse (vorher mit dem Spiralschneider in Spaghetti verwandelt) mit frischen, knackigen Gemüsestücken. Das klingt nicht so spannend, schmeckt aber richtig gut.

Der Reiz liegt im Kontrast von weich und knackig. Die Karottenluft mit einer Prise Zimt, die sich erst im Mund richtig entfaltet, gibt einen letzten Kick dazu.

GEMÜSERÖSTI MIT BUNTEM GEMÜSE

Gemüserösti

1 Karotte
1 gelbe Karotte
2 festkochende Kartoffeln
2 mehligkochende Kartoffeln
1 Zucchini
6 Eigelb
150 g Speisestärke
Sonnenblumenöl

Karotten und Kartoffeln schälen, die Zucchini putzen. Aus dem Gemüse mit dem Spiralschneider Spaghetti fertigen, in eine Schüssel geben und mit Eigelben sowie Stärke vermengen. Mit Salz und Pfeffer abschmecken. Ausreichend Sonnenblumenöl in einer Pfanne erhitzen, jeweils 3–4 EL der Masse hineingeben und auf mittlerer Hitze zu goldbraunen Rösti braten.

Buntes Gemüse

1 Karotte
½ Zucchini
1 rote Paprika
1 Romanesco
8 Kaiserschoten

Die Karotte schälen, halbieren und in längliche Stücke schneiden. Die Zucchini halbieren, entkernen und ebenfalls in längliche Stücke schneiden. Die Samen der Paprika entfernen und das Fruchtfleisch in Streifen schneiden. Den Romanesco in Röschen teilen, Kaiserschoten putzen. Alle Gemüse separat in kochendem Salzwasser blanchieren.

Karottenluft

300 g Karotten
1 Prise Zimtpulver
3 g Lecithin

Karotten entsaften und den Saft mit Salz, Pfeffer sowie Zimt abschmecken. Lecithin hinzufügen und alles in einen hohen Becher füllen. Mit dem Pürierstab schaumig aufschlagen.

Anrichten

Gemüserösti auf einen Teller legen, buntes Gemüse darauf anrichten und mit Karottenluft vollenden.

Dies ist ein Wohlfühlgericht, das Sie auch wunderbar zu Hause machen können. Ohne Sahnespender schlagen Sie einfach ein leicht flüssiges Kartoffelpüree schaumig. Das Esspapier ersetzen Sie durch einen Kartoffelchip.

Was viele Leute an diesem Gericht lieben, ist die harmonische Verbindung der Süße von Zwiebel und Portwein, erfrischt durch den Alkohol, gebunden durch die Cremigkeit des Kartoffelpürees und den Knack des Esspapiers. Ein schöner Duftweg zu diesem Gericht ist ganz einfach: Portwein.

PORTWEIN-SCHALOTTEN MIT KARTOFFEL-ESPUMA, ESSPAPIER UND ZWIEBELFOND

Portwein-Schalotten

10 kleine Schalotten
30 g Zucker
50 ml Wasser
150 ml roter Portwein
75 ml Crème de Cassis

Schalotten schälen. Zucker und Wasser in einem Topf erhitzen und unter Rühren das Wasser verdampfen lassen. Sobald ein helles Karamell entstanden ist, mit rotem Portwein ablöschen. Karamell wieder auflösen, dann Hitze auf niedrige Stufe reduzieren und den Cassislikör zugießen. Schalotten in die Flüssigkeit legen und abgedeckt weich ziehen lassen.

Kartoffel-Espuma und Esspapier

580 g mehligkochende Kartoffeln
225 ml Milch
150 g Sahne
50 g Butter
Muskatnuss

Die Kartoffeln schälen, in Würfel schneiden und in Salzwasser weich kochen, dann abgießen und ausdampfen lassen. Milch, Sahne und Butter in einem kleinen Topf erhitzen, mit Salz und Muskatabrieb kräftig würzen. Die Kartoffeln durch ein Haarsieb streichen, in eine Schüssel geben und die heiße Flüssigkeit darübergießen. Masse glatt rühren.

Für den Kartoffel-Espuma drei Viertel der Masse in einen iSi-Sahnespender füllen und zwei N2O-Kapseln einsetzen. Den Sahnespender vor Gebrauch 1 Stunde im warmen Wasserbad ruhen lassen.

Für das Esspapier den Backofen auf 80 °C (Ober-/Unterhitze) vorheizen. Die restliche Kartoffelmasse dünn auf Backpapier streichen und im Ofen etwa 2 Stunden trocknen lassen.

Zwiebelfond

10 Gemüsezwiebeln
4 Schalotten
3 Knoblauchzehen
1 EL Sonnenblumenöl
15 g Zucker
250 ml Weißwein
150 ml weißer Portwein
5 Zweige Thymian
1 Msp. Cayennepfeffer
5 g Kümmel
2 Lorbeerblätter
1,5 l Gemüsebrühe (siehe S. 24)

Gemüsezwiebeln, Schalotten und Knoblauch schälen und grob zerkleinern. Das Sonnenblumenöl in einem großen Topf stark erhitzen und Zwiebeln, Schalotten sowie Knoblauch darin braun anschwitzen. Mit Zucker bestreuen und karamellisieren, bis alles eine schöne dunkle Farbe hat. Mit Weißwein und weißem Portwein ablöschen und Thymian, Cayennepfeffer, Kümmel sowie Lorbeerblätter dazugeben. Den Ansatz mit einem Metallspachtel vom Boden lösen. Die Flüssigkeit um die Hälfte reduzieren, dann die Gemüsebrühe zugießen und erneut alles auf die Hälfte einkochen.

Anrichten

20 ml Kürbiskernöl
getrocknete Oliven, entsteint und gehackt

Die Portwein-Schalotten in einen tiefen Teller geben und den Kartoffel-Espuma mithilfe des Sahnespenders auf die Schalotten schäumen. Den Zwiebelfond um den Kartoffelschaum laufen lassen und das Kürbiskernöl vorsichtig in den Zwiebelfond träufeln, nicht mehr verrühren. Esspapier in Stücke brechen, in den Schaum stecken und mit gehackten Oliven bestreuen.

ZUCCHINI-NUDELN MIT FALAFELN

Falafeln sind wunderbar flexibel. Auf der Basis von Kichererbsen, Zwiebeln und Knoblauch kann man bei ihrer Herstellung ganz unterschiedliche Gewürze mit verarbeiten, von Kümmel über Paprika bis Zimt. Ich habe mich hier für die eher klassisch orientalische Variante mit Kardamom, Kreuzkümmel, Cayennepfeffer und Koriander entschieden.

Die Konsistenz der erdigen Kichererbsen und ihr leicht nussiger Geschmack benötigen unbedingt etwas Säure. Das gelingt hier durch die knackig blanchierten Zucchininudeln und die Tomaten. Laktischer Geschmack (in diesem Fall Crème fraîche) verbindet Erde und Säure, und ein paar Gemüsechips geben Crunch dazu. Man könnte die Gäste vorab an Kreuzkümmel riechen lassen – als Beginn der orientalischen Reise.

Zucchininudeln

1 Zucchini

Die Zucchini putzen und mit dem Spiralschneider Spaghetti daraus fertigen. In kochendem Salzwasser etwa 1 Minute garen.

Tomaten

5 Kirschtomaten
100 ml Olivenöl

Den Backofen auf 160 °C (Ober-/Unterhitze) vorheizen. Die Kirschtomaten in Spalten schneiden und mit dem Olivenöl in eine kleine feuerfeste Form geben. Im Ofen etwa 5 Minuten garen.

Falafeln

250 g getrocknete Kichererbsen
½ Zwiebel
1 Knoblauchzehe
1 EL frisch geschnittene Petersilie
1 EL frisch geschnittene Korianderblätter
¼ TL Cayennepfeffer
½ TL gemahlener Kreuzkümmel
¼ TL gemahlener Kardamom
½ TL Backpulver
1 ½ EL Mehl
Sonnenblumenöl
schwarzer Sesam

Die Kichererbsen in einer großen Schüssel mit kaltem Wasser bedecken und mindestens 12 Stunden einweichen. Zwiebel und Knoblauch schälen, grob zerkleinern und mit abgespülten Kichererbsen, Petersilie und Koriander zweimal durch die feinste Scheibe des Fleischwolfs drehen. Die Mischung in einen Mixer füllen, Gewürze, Backpulver, Mehl, Salz sowie 3 EL Wasser hinzufügen und das Ganze glatt pürieren. Die Masse mit den Händen zu einem homogenen Teig kneten und abgedeckt 1 Stunde im Kühlschrank ruhen lassen.
Einen mittelgroßen Topf mit ausreichend Sonnenblumenöl füllen und dieses auf 180 °C erhitzen. Je 1 EL Teig abstechen und zu Falafeln formen. Dabei etwas Druck ausüben, damit die Falafeln später nicht zerfallen. Mit etwas Sesam bestreuen und portionsweise im heißen Fett etwa 3–4 Minuten schwimmend frittieren. Auf Küchenpapier entfetten.

Crème fraîche

100 g Crème fraîche
1 EL frisch geschnittene Korianderblätter

Cremè fraîche glatt rühren und mit Salz, Pfeffer und Koriander abschmecken. In eine Spritzflasche füllen.

Anrichten

Zucchinichips
Auberginenchips
Kresse

Die Zucchininudeln mit einer Gabel aufdrehen und auf einem Teller platzieren. Gebackene Falafeln darauflegen und mit Gemüsechips, Kirschtomatenspalten und Kresse garnieren. Crème fraîche neben die Nudeln spritzen.

1 Karotte
1 gelbe Karotte
½ Petersilienwurzel
1 Stück frischer Ingwer
4 Schalotten
1 Apfel
2 Stängel Zitronengras
5 g Jaipur-Curry
5 g Kurkuma
20 g mildes gelbes Currypulver
15 g rote Currypaste
20 ml Sonnenblumenöl
100 ml trockener Weißwein
200 ml Gemüsebrühe (siehe S. 24)
300 ml Kokosmilch
5 ml Fischsauce
50 ml Sojasauce
Abrieb und Saft von 2 unbehandelten Limetten
Abrieb und Saft von 1 unbehandelten Orange
1 Msp. gemahlener Kardamom
6 Koriandersamen

Rotes Curry

Karotten und Petersilienwurzel schälen, Enden abschneiden und die Wurzeln in 1 cm dicke Scheiben schneiden. Ingwer schälen und hacken. Schalotten schälen und in 5 mm dicke Ringe schneiden. Apfel waschen und vierteln, Kerngehäuse entfernen. Das Zitronengras faserig klopfen. Jaipur-Curry, Kurkuma, gelbes Currypulver und rote Currypaste in einer Schüssel mischen.

Sonnenblumenöl in einem mittelgroßen Topf erhitzen und die Schalotten darin glasig schwitzen. Currymischung, Wurzelgemüse und Ingwer zugeben und 3 Minuten mitrösten. Wenn das Curry einen intensiven Duft entfaltet, mit Weißwein ablöschen und den Alkohol etwa 3 Minuten lang verdampfen lassen. Mit Gemüsebrühe und Kokosmilch aufgießen und alle restlichen Zutaten zugeben. Etwa 45 Minuten auf niedriger Stufe köcheln, dann durch ein feines Haarsieb streichen und die Reste entsorgen.

Obwohl viele Menschen Curry klassisch mit Hühnchen oder Lamm kennen, brauchen gerade Currygerichte eigentlich kein Fleisch. Im Gegenteil, ich finde, Gemüse verbindet sich mit den Aromen eines Currys viel interessanter.

Mit diesem Rezept möchte ich zeigen, dass man ein Curry auch sehr elegant servieren kann. Die Sauce wird extra zubereitet, der Reis in Form angerichtet. Vor allem aber werden hier alle Gemüse einzeln knackig blanchiert und erst kurz vor dem Servieren in die Currysauce gegeben. So kommen die einzelnen Aromen gut zur Geltung und gleichzeitig bleibt die bissfeste Konsistenz der Gemüse erhalten. Ich habe ein Rotes-Curry-Parfüm, das ich hier gerne anwende. Sein eindeutiger Geruch führt sofort in die Geschmackswelt ein.

ROTES CURRY MIT DUFTREIS

Gemüseeinlage

2 Karotten
2 gelbe Karotten
½ Romanesco
25 Kaiserschoten
2 Schalotten
1 rote Paprika

Karotten schälen, die Enden abschneiden und die Wurzeln schräg in Scheiben schneiden. Die Röschen des Romanescos vom Strunk schneiden. Die Kaiserschoten am Endstück leicht einschneiden und den Faden herausziehen. Schalotten schälen und längs in 5 mm dicke Streifen schneiden. Die Paprika schälen, Strunk und Samen entfernen und das Fruchtfleisch in 5 mm dicke Streifen schneiden. Einen Topf mit Salzwasser zum Kochen bringen. Eine Schüssel mit Eiswasser bereitstellen. Nacheinander gelbe Karotten, Kaiserschoten, Romanesco, Schalotten und orangefarbene Karotten im kochenden Wasser bissfest blanchieren und anschließend im Eiswasser abschrecken, um den Garprozess zu unterbrechen und die Farbe zu erhalten. Abtropfen lassen.

Duftreis

250 g Basmatireis
570 ml kaltes Wasser
2 Scheiben frischer Ingwer
¼ Stange Zimt
3 Kaffirlimettenblätter

Alle Zutaten mit 1 TL Salz in einem mittelgroßen Topf zum Kochen bringen, einen Deckel auflegen und die Temperatur auf kleinste Stufe reduzieren. Den Reis etwa 15 Minuten gar ziehen lassen.

Anrichten

Das Curry mit der Gemüseeinlage erwärmen. Den Reis in beliebiger Form auf einen Teller geben und das Curry daneben anrichten.

KRÄUTER-FALAFELN MIT TOMATEN-MARMELADE

Grundlage sind fast dieselben Falafeln wie im Gericht mit den Zucchininudeln (siehe S. 180). Die Verbindungen hier führen insgesamt aber in eine süße Richtung.

Die Tomatenmarmelade bringt Säure und Süße mit – einmal durch die Tomaten selbst, aber auch durch den weißen Balsamico. Süßsauer wiederum wirkt wie ein Geschmacksverstärker auf die in den Falafeln verarbeiteten Kräuter. Als verbindendes Element wirkt das laktisch-cremige Selleriepüree. Und die Pinienkerne im Pesto bringen noch einen Hauch von Nussigkeit.

Falafeln

250 g getrocknete Kichererbsen
½ Zwiebel
1 Knoblauchzehe
3 EL frisch geschnittene Petersilie
3 EL frisch geschnittene Korianderblätter
¼ TL Cayennepfeffer
½ TL gemahlener Kreuzkümmel
¼ TL gemahlener Kardamom
½ TL Backpulver
1 ½ EL Mehl
Sonnenblumenöl

Die Kichererbsen in einer großen Schüssel mit kaltem Wasser bedecken und mindestens 12 Stunden einweichen. Zwiebel und Knoblauch schälen, grob zerkleinern und mit abgespülten Kichererbsen, Petersilie und Koriander zweimal durch die feinste Scheibe des Fleischwolfs drehen. Die Mischung in einen Mixer füllen, Gewürze, Backpulver, Mehl, Salz sowie 3 EL Wasser hinzufügen und das Ganze glatt pürieren. Die Masse mit den Händen zu einem homogenen Teig kneten und abgedeckt 1 Stunde im Kühlschrank ruhen lassen.
Einen mittelgroßen Topf mit ausreichend Sonnenblumenöl füllen und dieses auf 180 °C erhitzen. Je 1 EL Teig abstechen und zu Falafeln formen. Dabei etwas Druck ausüben, damit die Falafeln später nicht zerfallen. Falafeln portionsweise im heißen Fett etwa 3–4 Minuten schwimmend frittieren. Auf Küchenpapier entfetten.

Tomatenmarmelade

5 Tomaten
2 Schalotten
70 g Zucker
2 EL weißer Balsamicoessig
200 ml Tomatensaft
3 EL Tomatenmark
Speisestärke bei Bedarf

Tomaten entstrunken, Schalotten schälen und beides in kleine Stücke schneiden. Zucker und 1 EL Wasser langsam zu hellem Karamell kochen. Mit weißem Balsamico und Tomatensaft ablöschen. Etwas reduzieren, dann Tomatenmark und die vorbereiteten Tomaten und Schalotten zugeben. Mit Salz und Pfeffer würzen und bei niedriger Hitze so lange einkochen, bis die Flüssigkeit fast verdampft ist. Bei Bedarf mit etwas angerührter Speisestärke binden. Achtung, bei zu starker Hitze verbrennt das Ganze schnell!

Selleriepüree

1 Knollensellerie
1 Zwiebel
1 EL Sonnenblumenöl
100 g weiche Butter

Sellerie und Zwiebel schälen, klein schneiden und farblos in etwas Sonnenblumenöl anschwitzen. So viel Wasser aufgießen, bis der Boden bedeckt ist, und auf niedriger Stufe weich kochen. Flüssigkeit abgießen und den Sellerie im Mixer sehr fein pürieren, dabei nach und nach die Butter in Stücken zugeben. Das Püree mit Salz abschmecken.

Anrichten

Rucola-Petersilien-Pesto (siehe S. 34)
Kresse

Die Kräuterfalafeln auf einen Teller geben und Nocken der Tomatenmarmelade danebenlegen. Mit Selleriepüree, Rucola-Petersilien-Pesto und Kresse vollenden.

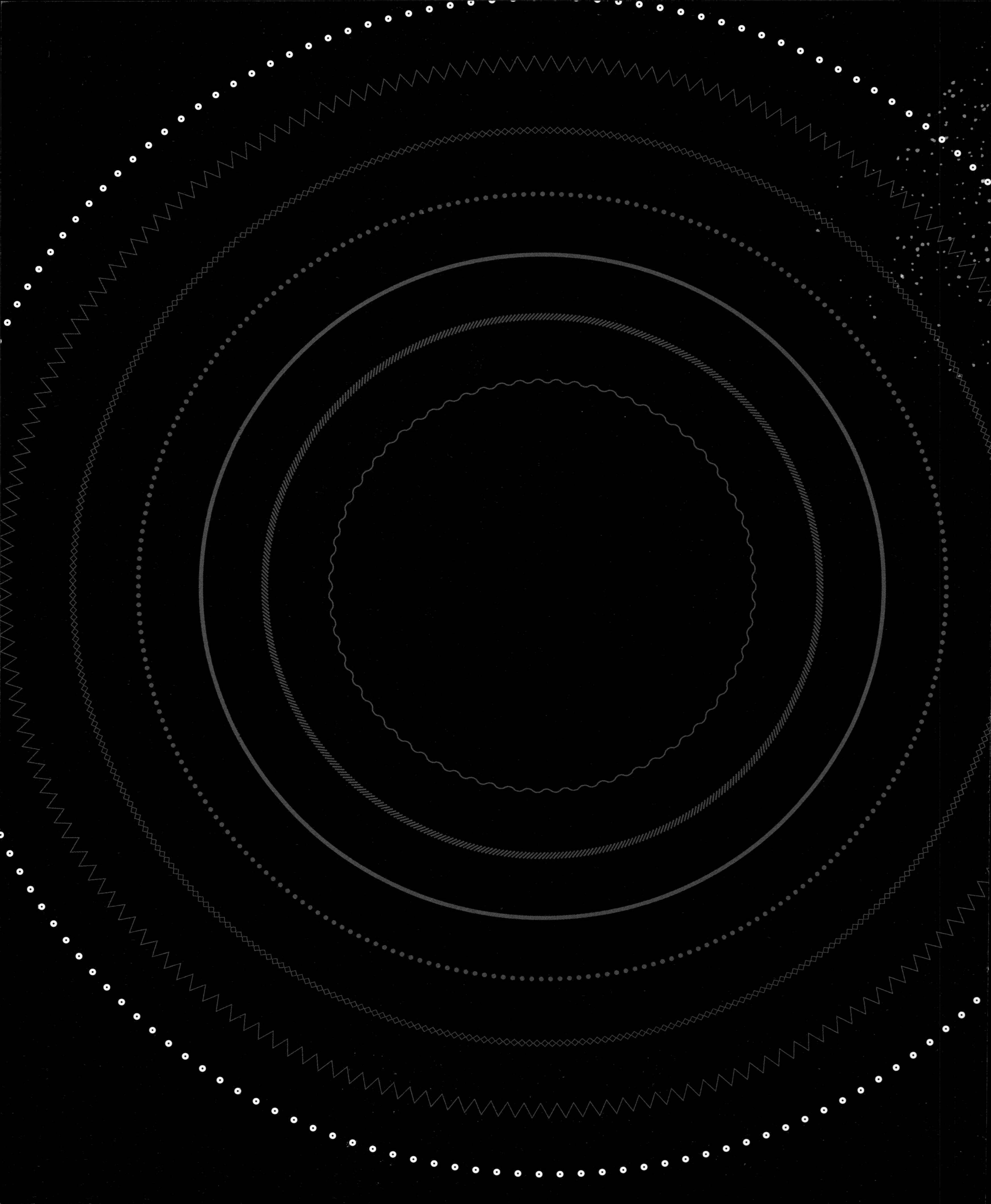

DESSERTS

Entweder als Ersatz für ein süßes Dessert oder auch nach dem süßen Dessert bietet sich ein Käsegang an. Überraschend hier ist die Crème brûlée auf Basis von Ziegenkäse. Dieser zwar in der Grundbasis laktische, aber doch sehr spezielle (im Aromenrad in Richtung „schweißig" einzuordnende) Geschmack verbindet sich extrem gut mit der Süße des Karamells.

Die grüne Tomatenmarmelade, zwar leicht süßlich, aber mit einer sehr ausgeprägten Säure, ist eine gute Gegenspielerin.

ZIEGENKÄSE-CRÈME-BRÛLÉE MIT GRÜNER TOMATENMARMELADE

Crème brûlée

50 g Ziegenkäse
200 g Sahne
4 Eigelb
10 ml Weißwein
brauner Zucker

Den Backofen auf 120 °C (Ober-/Unterhitze) vorheizen. Vom Ziegenkäse die Rinde entfernen und das weiche Innere in kleine Stücke schneiden. Die Sahne in einem kleinen Topf erwärmen und den Käse unter Rühren darin auflösen. Eigelbe und Weißwein hinzufügen. Alles in feuerfeste Formen (12 cm Durchmesser) gießen, auf ein tiefes Blech stellen und 5 mm hoch Wasser angießen. Die Crème brûlée 25 Minuten im Ofen stocken lassen, dann herausnehmen, mit braunem Zucker bestreuen und mit einem Bunsenbrenner karamellisieren.

Grüne Tomatenmarmelade

500 g grüne Tomaten (eigenständige Sorte)
250 g Gelierzucker
Cayennepfeffer

Den Strunk der Tomaten herausschneiden und die Tomaten zerkleinern. In einen Topf füllen und weich kochen, dann mit dem Pürierstab mixen. Den Gelierzucker mit einem Schneebesen unterrühren und weiterkochen. Mit Cayennepfeffer und Salz abschmecken. Noch heiß in Marmeladengläser füllen, mit dem Deckel verschließen und die Gläser auf den Kopf stellen, sodass sich ein Vakuum ziehen kann und die Marmelade haltbar bleibt.

Anrichten

Rucola
Estragon
Ziegenkäse

Die Crème brûlée mit Rucola, Estragon und gehobeltem Ziegenkäse garnieren. Die Tomatenmarmelade separat servieren.

Hierbei handelt es sich natürlich nicht um einen gefrorenen Kaiserschmarrn, sondern um ein wunderbares Eisgericht. Zucker, Ei, Kakaopulver, Mandeln – einfach, gut und süß. Säure durch den Rumtopf. Frische durch Beeren und Minzeblättchen.

Der Duft von Rum führt in die richtige Richtung. Mandel ginge auch, Mandelduft wirkt aber schnell zu bitter.

GEEISTER KAISERSCHMARRN MIT RUMTOPF

Kaiserschmarrn

350 g Sahne
100 g Eigelb
120 g Zucker
Mark von ½ Vanilleschote
110 g Kakaopulver

Die Sahne steif schlagen. Eigelb und Zucker über dem Wasserbad auf 80 °C erhitzen, dann kalt aufschlagen. Vanillemark und Schlagsahne unterheben. Ein Drittel der Masse abnehmen und mit 70 g Kakao mischen, unter die restliche Masse die übrigen 40 g Kakao heben. Diesen Teil auf ein Blech streichen und 2 Stunden gefrieren, dann den dunkleren Teil daraufstreichen und erneut tiefkühlen. Anschließend in grobe Rauten schneiden.

Rumtopf

500 ml Rum
450 g Zucker
400 g Beeren (z. B. Himbeeren, Blaubeeren, Brombeeren)
Mark von 1 Vanilleschote

Den Rum erhitzen und den Zucker darin auflösen. Beeren und Vanillemark in ein großes Marmeladenglas füllen und mit dem süßen Rum übergießen. Lichtgeschützt mindestens 1 Woche ziehen lassen.

Anrichten

100 g blanchierte Mandeln
50 g Puderzucker
frische Beeren
Minzeblättchen

Den Kaiserschmarrn auf einen gekühlten Teller legen. Mandeln mit Puderzucker in einer Pfanne karamellisieren und auf dem Kaiserschmarrn verteilen. Alles mit mehr Puderzucker bestäuben und mit dem Bunsenbrenner karamellisieren. Mit frischen Beeren und Minze ausgarnieren. Den Rumtopf separat dazuservieren.

Ein wunderbarer Sommerklassiker: Das halb gelierte Champagnersüppchen garantiert frische Spritzigkeit, die Champagnermousse bringt Cremigkeit dazu. Die Beeren liefern Süße – wobei Sie hier genauso gut andere Beeren oder beispielsweise auch Passionsfrucht verwenden können. Das Cassissorbet sorgt für einen extra Säurekick. Und die Minzeblättchen sorgen für einen frischen Nachgeschmack.

Zwischen den Fingern geriebene Minze oder Minzparfüm leitet die Reise zu diesem Dessert ein.

CHAMPAGNERSÜPPCHEN MIT WALDBEEREN, CHAMPAGNERMOUSSE UND CASSISSORBET

Champagnersüppchen

65 ml Wasser
65 ml Weißwein
150 ml Champagner
etwas Zitronensaft
Zucker
½ Blatt vegane Gelatine

Wasser, Weißwein und 75 ml Champagner mischen und leicht erwärmen. Mit Zitronensaft und Zucker abschmecken. Die eingeweichte und ausgedrückte Gelatine darin auflösen und alles für 1 Stunde kalt stellen. Anschließend die Suppe mit einem Schneebesen gut durchrühren und vor dem Servieren mit dem restlichen Champagner auffüllen.

Champagnermousse

2 Blatt vegane Gelatine
130 ml Champagner
80 g Zucker
3 Eigelb
Saft von 1 Zitrone
1 Eiweiß
80 g Sahne
10 ml Marc de Champagne

Die Gelatine in kaltem Wasser einweichen. Champagner, 75 g Zucker und Eigelbe zu einem Sabayon aufschlagen. Zitronensaft hinzufügen und unter weiterem Rühren auf 72 °C temperieren. Die ausgedrückte Gelatine zugeben und die Masse auf Eiswasser kalt rühren. Das Eiweiß mit restlichem Zucker zu Schnee schlagen und unterheben. Die Sahne steif schlagen, untermengen und die Mousse mit Marc de Champagne abschmecken. Die Mousse in eine Form geben und mindestens 3 Stunden kalt stellen.

Cassissorbet

2 Blatt vegane Gelatine
75 g Zucker
75 ml Wasser
40 g Glukosesirup
50 ml Crème de Cassis
200 g schwarzes Johannisbeerpüree
200 g rotes Johannisbeerpüree
100 g Himbeermark

Die Gelatine in kaltem Wasser einweichen. Zucker, Wasser und Glukosesirup in einem Topf aufkochen, dann Crème de Cassis und die ausgedrückte Gelatine unterrühren. Fruchtpürees und Himbeermark zufügen und alles mit dem Pürierstab fein mixen. Die fertige Masse in der Eismaschine gefrieren.

Anrichten

frische Waldbeeren (Heidelbeeren, Brombeeren, Himbeeren, Walderdbeeren)
Minzeblättchen

Waldbeeren in einen tiefen Teller geben und das Champagnersüppchen darübergießen. Die Champagnermousse in die Mitte setzen, eine Nocke des Cassissorbets abstechen und auf die Beeren legen. Mit Minze ausgarnieren.

ZITRONENTARTE MIT ZITRONEN-SORBET

Ein einfaches Gericht mit wunderbar harmonierenden Aromen. Auf den Tarteboden (süß) gibt man die Zitronencreme (süß und sauer) und flämmt sie ab (karamellig). Dazu Frische und Säure durch das Zitronensorbet. Die Garnitur aus Zitronenkaviar, Minze, Schokoladenblättchen und Beeren wiederholt diese Aromen.

Interessant wird es mit einem einleitenden Duft. Riecht man vor dem Genuss dieses Desserts an Limettenparfüm oder an frischem Zitronenabrieb, nimmt man den Zitrusgeschmack viel deutlicher wahr.

Teig

100 g Butter
50 g Zucker
Mark von ½ Vanilleschote
Abrieb von 1 unbehandelten Zitrone
20 g Eigelb
150 g Mehl

Butter, Zucker, Vanillemark und Zitronenabrieb verkneten. Eigelb und Mehl untermischen. Den Teig 2 Stunden kalt stellen, dann ausrollen, vier Kreise (10 cm Durchmesser) ausstechen und passende Tarteformen damit auslegen.

Zitronentarte

1 Ei (Größe L)
65 g Zucker
65 ml Zitronensaft
75 g Butter
Teig (siehe oben)

Den Backofen auf 180 °C (Ober-/Unterhitze) vorheizen. Ei und Zucker über dem Wasserbad aufschlagen, bei 80 °C Zitronensaft hinzufügen. Kurz aufkochen, dann die Butter darin auflösen. Die Füllung auf den Teig in die ausgelegten Tarteformen gießen und 20 Minuten im Ofen backen.

Baiser und Fertigstellung

3 Eiweiß
90 g Puderzucker
Abrieb von 1 Zitrone
Zitronentarte (siehe oben)

Den Backofen auf 200 °C (Oberhitze oder Grillfunktion) regulieren. Die Eiweiße sehr steif schlagen und Puderzucker sowie Zitronenabrieb zugeben. Die Masse dekorativ auf der gebackenen Zitronentarte verstreichen und im Ofen ca. 5–7 Minuten gratinieren, bis sich hellbraune Spitzen bilden. Auskühlen lassen und aus der Form nehmen. Nach Belieben das Baiser mit dem Bunsenbrenner noch goldbraun abflämmen.

Zitronensorbet

Abrieb von 3 unbehandelten Zitronen
50 ml Zitronensaft
150 ml Wasser
100 g Zucker
40 g Eiweiß
30 ml Herzog Zitronengrasschnaps

Alle Zutaten vermengen und in einem Topf erhitzen, bis sich der Zucker gelöst hat. In der Eismaschine gefrieren.

Anrichten

2 Fingerlimetten (Zitronenkaviar)
Minzeblättchen
Schokoladenblättchen
frische Beeren (Himbeeren, Blaubeeren)

Die Zitronentarte auf einen Teller geben, eine Nocke des Zitronensorbets daneben anrichten. Mit Fingerlimette, Minze, Schokoladenblättchen und frischen Beeren garnieren.

Warum gehört zu jedem süßen Schmarrn eine Frucht und gerne noch ein Eis?

Weil der sehr süße Karamellgeschmack des Schmarrns die Säure einer Frucht braucht. Und wenn er, wie hier, noch mit Nüssen zubereitet ist, darf die Säure auch gerne kräftig sein, wie die der Johannisbeere.

Minze bringt einen frischen Nachgeschmack, vor allem in Kombination mit eiskaltem Vanille-Honig-Eis.

NUSSSCHMARRN

Teig

60 g Macadamianüsse
1 EL Puderzucker
140 g Mehl
20 g Grieß
250 ml Milch
80 g Eigelb
50 ml Haselnussbrand (oder brauner Rum)
120 g Eiweiß
60 g Zucker

Die Macadamianüsse mit dem Puderzucker karamellisieren, fein hacken und mit Mehl, Grieß, Milch, Eigelb und Haselnussbrand zu einem glatten Teig verrühren. Eiweiß und Zucker zu Eischnee schlagen und unter den Teig heben.

Nussschmarrn

50 g Butter
Teig (siehe oben)
Puderzucker

Den Backofen auf 180 °C (Ober-/Unterhitze) vorheizen. Die Butter in einer Pfanne zerlassen und den Teig hineingeben. Die Pfanne in den Ofen schieben und den Schmarrn etwa 25–30 Minuten backen. Anschließend zerpflücken, mit Puderzucker bestäuben und unter dem Grill karamellisieren.

Gesponnener Zucker

250 g Zucker
25 g Glukosesirup
120 ml Wasser

Ein Backblech mit Aluminiumfolie auslegen. Eine Schüssel mit kaltem Wasser bereitstellen. Zucker, Glukosesirup und Wasser bei mittlerer Hitze zum Kochen bringen, bis eine hellgoldene Farbe entsteht. Dies dauert etwa 10–12 Minuten. Mit einem trockenen Löffel durch den flüssigen Zucker fahren und mit einer wippenden Bewegung kreuz und quer ein Gitter über der Aluminiumfolie spinnen. Wenn das Gitter erkaltet ist, einen Zuckerballen daraus formen. Nicht in den Kühlschrank stellen! Trocken und warm aufbewahren.

Anrichten

Johannisbeeren
Minzeblättchen

Den Nussschmarrn auf einen Teller geben, mit Johannisbeeren und Minze garnieren und mit dem gesponnenen Zucker vollenden.

Tipp: Vanille-Honig-Eis (siehe S. 200) passt perfekt dazu.

Ein klassischer Liebesfilm: Dunkle Schokolade und sahnige Vanille, Bitterkeit und Süße treffen aufeinander. Ganz nach dem Motto „Gegensätze ziehen sich an“ ist die Vanille ein spannender Gegenspieler zur Säure der Zitrone. Für das geschmackliche Happy End sorgt dann das Vanille-Honig-Eis.

Auf dem Teller wird dieser Film sehr aufwendig und in unterschiedlichen Konsistenzen gestaltet. Vorschlag für die einfachere Version zu Hause: Schokoladenkuchen, Vanille-Honig-Eis, Zitronen-Vanille-Ragout. Ihre Gäste werden Sie lieben.

Schöne einführende Düfte sind Bitterschokolade oder Kastanienhonig, oder natürlich klassisch die Vanille aus dem Inneren einer Schote.

VARIATION VON SCHOKOLADE UND VANILLE

VARIATION VON SCHOKOLADE UND VANILLE

150 g dunkle Kuvertüre (72 % Kakaoanteil)
120 ml Sonnenblumenöl
2 Eier
215 g Zucker, plus mehr zum Ausstreuen
Mark von 2 Vanilleschoten
65 g Mehl
4 EL Kakaopulver
4 EL Milchschokoladensplitter
Butter

Schokoladenkuchen

Den Backofen auf 180 °C (Ober-/Unterhitze) vorheizen. Die Kuvertüre in einer Schüssel über dem Wasserbad schmelzen. Sonnenblumenöl, Eier, Zucker und Vanillemark in einer großen Schüssel verrühren. Die geschmolzene Kuvertüre zugießen und alles zu einer glatten Masse vermengen. Mehl und Kakaopulver darübersieben und gut unterheben, die Schokoladensplitter unterziehen. Eine quadratische Backform (à 19 cm Seitenlänge) buttern und mit Zucker ausstreuen. Den Teig hineinfüllen und im Ofen etwa 35–45 Minuten backen.

2 Vanilleschoten
350 ml Milch
100 g Honig
120 g Eigelb
160 g Sahne

Vanille-Honig-Eis

Vanilleschoten längs aufschneiden und das Mark herausschaben. Milch, Honig, Vanilleschoten und -mark in einem Topf aufkochen. Das Eigelb aufschlagen, bis es deutlich an Volumen gewonnen hat. Die heiße Vanillemilch langsam in die Eigelbmasse gießen und gut verrühren. Vanilleschoten entfernen und die flüssige Sahne zugießen. Die fertige Masse in der Eismaschine zu cremigem Eis gefrieren.

100 g Strudelteig (aus dem Kühlregal)

Strudelblätter

Den Backofen auf 220 °C (Ober-/Unterhitze) vorheizen. Die Strudelteigblätter in 5 cm große Quadrate schneiden und im Ofen in wenigen Minuten kross backen. Aus dem Ofen nehmen und abkühlen lassen.

Vanillemousse

170 g weiße Kuvertüre
4 Blatt vegane Gelatine
90 g Vollei
40 g Eigelb
40 g Zucker
90 g Frischkäse oder Quark
25 ml Vanillelikör oder -sirup
Mark von 2 Vanilleschoten
350 g Sahne

Die Kuvertüre im Wasserbad bei 45 °C schmelzen. Die Gelatine in kaltem Wasser einweichen. Vollei, Eigelb und Zucker in einer Schüssel über einem heißen, aber nicht kochenden Wasserbad mit dem Schneebesen so lange schlagen, bis die Masse weißschaumig ist und deutlich an Volumen gewonnen hat. Geschmolzene Kuvertüre und Frischkäse unterrühren. Vanillelikör und -mark in einem Topf erwärmen und die ausgedrückte Gelatine darin auflösen. Vanilleflüssigkeit unter die Schokoladenmasse ziehen und handwarm abkühlen lassen. Die Sahne steif schlagen, zuerst ein Drittel einrühren, dann den Rest vorsichtig mit einem Silikonspatel unterheben. Die fertige Mousse etwa 8 mm hoch in eine flache Form füllen und kühl stellen.

Schokoladenkugeln

2 Vanilleschoten
300 g Sahne
300 g dunkle Kuvertüre (72 % Kakaoanteil)
200 g Eiweiß
50 ml Vanillelikör oder -sirup

Vanilleschoten längs aufschneiden und das Mark herausschaben. Sahne mit Vanilleschoten und -mark aufkochen. Schoten wieder entfernen und die gehackte Kuvertüre einrühren, bis sie sich vollständig aufgelöst hat. Flüssiges Eiweiß und Vanillelikör hinzufügen und alles gut verrühren. Die fertige Masse in einen iSi-Sahnespender füllen, zwei N_2O-Kapseln einsetzen. Die Masse in Silikon-Halbkugelformen spritzen und einfrieren. Im gefrorenen Zustand herauslösen, je zwei Hälften an der flachen Seite kurz erwärmen und zu einer Kugel zusammenkleben.

Zitronen-Vanille-Ragout

10 Zitronen
200 ml Weißwein
100 ml Wasser
100 g Zucker
Mark von 2 Vanilleschoten
50 ml Vanillelikör oder -sirup
etwas Speisestärke zum Binden

Zitronen filetieren, den Saft dabei auffangen. Zitronensaft, Weißwein, Wasser, Zucker, Vanillemark und Vanillelikör in einen Topf geben und aufkochen. Mit etwas angerührter Stärke leicht binden und die Zitronenfilets hineinlegen.

Anrichten

Blaubeeren
Kresse
Blattgold

Die Vanillemousse in 4 cm große Quadrate schneiden. Ein Strudelblatt zurechtlegen, Vanillemousse darauf platzieren, den Vorgang wiederholen und mit einem Strudelblatt abschließen. Den Schokoladenkuchen auf einen Teller geben und in einer Reihe daneben Eis, Strudeltürmchen und Schokoladenkugel anrichten. Marinierte Zitronenfilets und frische Blaubeeren davorlegen und mit Kresse und Blattgold garnieren.

Bei diesem Dessert schmeckt man die Unterschiede verschiedener Texturen eines Grundproduktes sehr deutlich.

Die Blutorange in der Terrine wird in ihrer Säuerlichkeit durch frischen Saft und beigefügten Cointreau unterstützt. Das Gelee löst sich im Mund schnell auf. Obwohl auch im Parfait Cointreau enthalten ist, sorgen Ei und Sahne nicht nur für einen sanfteren Geschmack der Blutorange, die cremige Konsistenz verteilt sich auch breiter im Mund und erreicht andere Geschmackssensoren.

Das Blutorangenragout mit Orangenlikör und Orangenbrand kommt vom Geschmack wieder näher an die Terrine, durch die Blutorangenfilets, die erst im Mund „aufplatzen", entsteht aber noch ein drittes Geschmackserlebnis.

VARIATION VON DER BLUTORANGE

Blutorangenterrine

400 ml Saft von 4–6 Blutorangen
50 ml Cointreau
50 g Zucker
10 Blatt vegane Gelatine
10 Blutorangen

Blutorangensaft, Cointreau und Zucker in einem Topf erwärmen. Die Gelatine in kaltem Wasser einweichen, gut ausdrücken und im warmen Blutorangensaft auflösen. Die Blutorangen vollständig schälen, sodass die weiße Außenhaut komplett entfernt ist. Die Filets vorsichtig zwischen den Häutchen herauslösen und in eine halbrunde Terrinenform legen. Den Saft darübergießen und 2 Stunden kalt stellen.

Blutorangenparfait

125 g Vollei
40 g Eigelb
40 g Zucker
200 ml Saft von 2–3 Blutorangen
40 ml Cointreau
450 g Sahne

Vollei, Eigelb und Zucker in einer Schüssel über etwa 80 °C heißem Wasser (es darf nicht sieden!) aufschlagen, bis die Masse weißschaumig ist und deutlich an Volumen gewonnen hat. Blutorangensaft und Cointreau zugießen und gut verrühren. Zum Schluss die Sahne steif schlagen und unterheben. Die fertige Masse in eine flache Form füllen, mit Frischhaltefolie abdecken und im Tiefkühler gefrieren.

Blutorangenragout

12 g Speisestärke
60 ml Blutorangenbrand
500 g Blutorangen
220 ml Saft von 2–3 Blutorangen
100 ml Orangenlikör
50 g Zucker
1 Vanilleschote

Speisestärke mit Blutorangenbrand verrühren. Die Blutorangen vollständig schälen, sodass die weiße Außenhaut komplett entfernt ist. Die Filets vorsichtig zwischen den Häutchen herauslösen. Die restlichen Zutaten in einem Topf aufkochen und die angerührte Speisestärke zugießen. Unter ständigem Rühren aufkochen und binden. Zum Schluss die Blutorangenfilets einlegen und abkühlen lassen.

Puderzucker
Zesten von 1 unbehandelten Blutorange
Zesten von 1 unbehandelten Limette

Anrichten

Die Blutorangenterrine aus der Form stürzen, in Scheiben schneiden und auf einem Teller anrichten. Das Blutorangenparfait in Form schneiden, mit einem Bunsenbrenner und Puderzucker leicht gratinieren und daneben platzieren. Ein paar eingelegte Blutorangenfilets anlegen, mit Zesten ausgarnieren und mit einer Pipette einen Strich des Orangenragoutsafts ziehen.

Ich finde, Quark und Gurke passen extrem gut zusammen – aber gerade im Dessert findet man das selten. Also habe ich herumprobiert, wie man die beiden am besten kombiniert, und das Ergebnis – als letztes Gericht in diesem Buch – verbindet die wichtigsten Aromen und die verschiedensten Möglichkeiten eines Mundgefühls – ein idealer Abschluss also:

Kaltes Gurkeneis, mit der Frische und ganz leichten Bitterkeit der Gurke. Warmes, schaumiges und laktisches Topfensoufflé. Frische und Wacholderbitter des Gin Tonics. Süße und flüssige Cremigkeit der Ananas. Crunch und Nussigkeit der Mandelsplitter. Zitrus des Orangenspongs.

Die Kunst besteht immer darin, alle Aromen und Konsistenzen harmonisch zu verbinden. Das versuche ich seit über 30 Jahren – Sie haben also noch Zeit zum Üben.

TOPFENSOUFFLÉ MIT ANANAS UND GURKE

Topfensoufflé

100 g Eiweiß
100 g Zucker, plus mehr zum Ausstreuen
40 g Eigelb
200 g Quark (20 % Fett)
Abrieb von 1 unbehandelten Orange
Mark von ½ Vanilleschote
Butter

Den Backofen auf 220 °C (Ober-/Unterhitze) vorheizen. Eiweiß und Zucker steif schlagen. Die restlichen Zutaten (außer Butter) miteinander verrühren, dann den Eischnee unterheben. Souffléformen (8 cm Durchmesser) mit Butter fetten und mit Zucker ausstreuen, dann zu drei Vierteln mit der Masse füllen. In eine große feuerfeste Form stellen und fingerhoch heißes Wasser angießen. Im Ofen etwa 30 Minuten garen. Sofort servieren.

Gin-Tonic-Gelee

30 ml Gin
100 ml Tonic Water
20 ml Gurkensaft
Saft von 1 Orange
10 ml Ananassaft
2 g Agar-Agar

Alle Zutaten (außer die Butter) in einem Topf mischen, aufkochen und 2 mm hoch in eine flache Form gießen. Fest werden lassen und in dekorative Stücke schneiden.

Quarkspoom

30 g Quark (20 % Fett)
30 g Zucker
80 g Sahne
1 Msp. Vanillemark
Muskatnuss

Alle Zutaten mit etwas Muskatabrieb verrühren, in einen iSi-Sahnespender füllen und zwei N2O-Kapseln einsetzen.

Gurkensorbet

400 g Gurke
½ Zitrone
1 Blatt vegane Gelatine
30 g Glukosesirup
150 ml Läuterzucker (siehe S. 35)

Die Enden der Gurke abschneiden, die Gurke in grobe Stücke schneiden und im Standmixer fein pürieren. Mit einer Saftpresse die halbe Zitrone entsaften. Die Gelatine in kaltem Wasser einweichen. Glukose, Läuterzucker und Zitronensaft in einem kleinen Topf leicht erwärmen und die ausgedrückte Gelatine darin auflösen. Den erwärmten Sud gut mit der pürierten Gurke vermengen und die Masse in der Eismaschine gefrieren.

Ananassauce

1 Ananas
100 g Zucker
10 ml Ananaslikör
Saft von ½ Zitrone
Abrieb von 1 unbehandelten Orange

Die Ananas entsaften, den Saft mit den restlichen Zutaten aufkochen und reduzieren.

Karamellisierte Mandelsplitter

100 g Mandelsplitter
2 EL Puderzucker

Mandeln in einer Pfanne leicht anrösten und mit Puderzucker bestäuben. Dabei immer in Bewegung halten und karamellisieren.

Orangensponge

2 Eier
Abrieb von 3 unbehandelten Orangen
50 g Puderzucker
25 g Mehl
25 g Weizenstärke

Eier, Orangenabrieb und Puderzucker aufschlagen. Mehl und Weizenstärke hineinsieben und unterheben. Die Masse in einen iSi-Sahnespender füllen, zwei N2O-Kapseln eindrehen und Orangenschaum in einen Pappbecher schäumen. Etwa 30 Sekunden bei 800 Watt in der Mikrowelle backen. Den Sponge in grobe Stücke zupfen.

Anrichten

Auf einem großen Dessertteller eine Gurkeneisnocke auf karamellisierten Mandelsplittern, Gin-Tonic-Gelee, Ananassauce, Quarkspoom und Orangensponge anrichten. Das Topfensoufflé nach dem Backen direkt auf den Teller stürzen.

Segafredo
ZANETTI

Zu diesem Gericht muss man gar nicht viel erklären. Es ist ein Eiskaffee zum Löffeln – bei dem es allerdings extrem wichtig ist, dass er mit Espresso zubereitet wird. Denn die Röstaromen des Espressos sowie seine Bitterstoffe stehen in spannendem Kontrast zum süßen Vanille-Honig-Eis.

Mit dem Duft von Bitterschokolade bewirkt man, dass dieser Kontrast noch deutlicher wahrgenommen wird.

ESPRESSOCREME MIT VANILLE-HONIG-EIS (EISKAFFEE MAL ANDERS)

5 Eigelb
120 g Zucker
5 Blatt Gelatine
2 EL lösliches Kaffeepulver
200 ml frisch gebrühter Espresso (Segafredo Extra Strong)
3 EL Rum
250 g Sahne

Espressocreme

Eigelbe und Zucker in einer Rührschüssel mit dem Schneebesen so lange schlagen, bis die Masse hell und cremig ist. Die Gelatine in kaltem Wasser einweichen. Das Kaffeepulver im heißen Espresso auflösen und langsam unter die Eimasse rühren. Die Masse über dem warmen Wasserbad (60–70 °C) mit dem Schneebesen aufschlagen, bis das Eigelb allmählich andickt und sich eine cremige Masse mit lockerem Stand bildet. Die Masse darf nicht zu heiß werden, sonst gerinnt sie.

Die Gelatine ausdrücken und nach und nach unter Rühren in der heißen Creme auflösen. Den Rum zugießen, dann die Rührschüssel in Eiswasser stellen und die Creme kalt rühren. Die Sahne steif schlagen und, kurz bevor die Creme zu gelieren beginnt, gleichmäßig unterziehen. Im Kühlschrank etwa 30 Minuten kalt stellen.

4 Kugeln Vanille-Honig-Eis (siehe S. 200)
Schokoladenraspel
4 Brombeeren

Anrichten

Je eine Kugel Vanille-Honig-Eis in ein hohes Glas geben und glatt streichen. Die Espressocreme gleichmäßig darauf verteilen. Mit Schokoladenraspeln und einer Brombeere garnieren.

VARIATION VON PRALINEN UND LOLLIS

Würde ich auf jede Praline eingehen, würde das den Platz hier sprengen. Nur so viel: Auch bei der Zusammenstellung der Pralinen werden unterschiedliche Aromen sowie das Spiel von Säure (Tomate), Süße (Marzipan), Schärfe (Ingwer) und Bitterkeit (Gin Tonic) präsentiert. Sollten Sie Ihre Pralinen nicht selbst machen, ist das zumindest ein guter Tipp für die Auswahl. Natürlich kann man auch noch mit anderen Sorten wie Sahnetrüffel, Champagnertrüffel, Joghurtcreme oder Ingwerstäbchen überraschen. Wichtig ist, keine reinen Schokoladenbomben zu legen.

Ich möchte Ihnen als Idee außerdem die Lollis ans Herz legen. Sie können sie relativ leicht zu Hause nachmachen und zu (gekauften) Pralinen reichen. Diese Lollis sind so frisch-säuerlich, dass sie die Schwere der Pralinen überspielen.

Lollis

275 g Zucker
6 EL Fruchtsaft (Kirsche, Orange, Blaubeere)
½ TL Zitronensäure

Zucker und Saft nach Wahl aufkochen. Mit einem feuchten Pinsel den Topfrand sauber wischen. Einen Kochlöffel in den Zucker halten und wieder herausnehmen. Wenn der Zucker am Kochlöffel Fäden zieht, hat er die richtige Temperatur und Konsistenz. Nun die Zitronensäure hinzufügen. Die Zuckermasse kreisförmig auf eine Silikon-Backmatte tropfen und je einen Lollistiel hineinlegen. Abkühlen lassen und Lollis vorsichtig ablösen.

Ingwerpralinen

100 g Sahne
30 g frischer Ingwer
150 g weiße Kuvertüre
30 g Butter
temperierte Kuvertüre (55 % Kakaoanteil, siehe S. 35)
Kokosraspel

Sahne mit geschältem, fein geschnittenem Ingwer aufkochen und über Nacht ziehen lassen. Abseihen und erneut aufkochen. Die Sahne über die gehackte Kuvertüre gießen und glatt rühren. Die Butter hinzufügen und die Masse abkühlen. In einen Spritzbeutel füllen, Tupfen auf ein mit Backpapier ausgelegtes Blech spritzen und über Nacht fest werden lassen. Die Tupfen mit temperierter Kuvertüre überziehen und in Kokosraspeln absetzen.

Tomatenmarshmallows

250 g Zucker
20 ml Wasser
6 Blatt vegane Gelatine
30 g Eiweiß
90 ml Tomatensaft
Weizenstärke

225 g Zucker und Wasser auf 120 °C erhitzen. Gelatine in kaltem Wasser einweichen. Eiweiß mit restlichem Zucker steif schlagen. Den gekochten Zucker in dünnem Strahl unterrühren und kalt aufschlagen. Den Tomatensaft leicht erwärmen und die ausgedrückte Gelatine darin auflösen. Vorsichtig unter die Zuckermasse heben. 1 cm dick auf ein mit Weizenstärke besiebtes Blech streichen und bei Raumtemperatur fest werden lassen. In Würfel schneiden und in Weizenstärke wälzen.

Marzipanpralinen

200 g Marzipan
30 ml Rum
90 g Puderzucker
Mark von ½ Vanilleschote
Abrieb von 1 unbehandelten Zitrone
temperierte Kuvertüre (45 % Kakaoanteil, siehe S. 35)
weißer Sesam

Alle Zutaten außer Kuvertüre und Sesam miteinander verkneten. Dann 1 cm dick ausrollen und in Stäbchen schneiden. Pralinen kurz antrocknen lassen, damit sie beim Überziehen nicht an der Gabel kleben. Mithilfe einer Pralinengabel mit temperierter Kuvertüre überziehen und mit Sesam bestreuen.

120 g Sahne
200 g Kuvertüre (55 % Kakaoanteil)
20 g Butter
30 ml Gin
Abrieb von je 1 unbehandelten Orange und Zitrone
25 Zartbitter-Pralinenhohlkörper
temperierte Kuvertüre (55 % Kakaoanteil, siehe S. 35)
Zucker

Gin-Tonic-Pralinen

Die Sahne aufkochen, über die gehackte Kuvertüre gießen und emulgieren. Butter, Gin und Zitrusschalen einrühren. Abkühlen lassen und in Hohlkörper füllen. Diese mit temperierter Kuvertüre verschließen, überziehen und in etwas Zucker wälzen.

Anrichten

Die Lollis in eine Vorrichtung stecken und die Pralinen auf einer Schiefertafel anrichten.

Dieses Dessert ist sehr aufwendig gestaltet. Wie aber schon bei der Variation von Schokolade und Vanille (siehe S. 198) können Sie sich einzelne Komponenten für zu Hause heraussuchen. Die Himbeere, obwohl sie sehr zart ist, erlaubt durch ihre sanfte Säure ein wunderbares Spiel aus Konsistenzen und Aromenkombinationen.

Man könnte, muss aber absolut nicht, zur Einstimmung auf dieses Gericht an frischem Zitronenabrieb riechen – dann kommen die ebenfalls frischen Aspekte der einzelnen Komponenten besser zur Geltung.

VARIATION VON HIMBEEREN

Himbeersorbet

500 g Himbeermark
80 g Glukosesirup
20 ml Himbeerlikör
Abrieb von 1 unbehandelten Orange

Alle Zutaten erwärmen, bis sich der Glukosesirup vollständig aufgelöst hat. Die Masse in der Eismaschine gefrieren.

Sesamchips

150 g Butter
50 g Glukosesirup
100 g Isomalt
5 g Pektin
50 ml Wasser
180 g weißer Sesam

Den Backofen auf 150 °C (Ober-/Unterhitze) vorheizen. Butter und Glukosesirup in einem Topf auflösen. Isomalt mit Pektin mischen und mit dem Wasser dazugeben. Auf 105 °C erhitzen. Sesam unterheben, die Masse auf ein mit Backpapier ausgelegtes Blech streichen und im Ofen 15 Minuten goldgelb backen. Abkühlen lassen und in Stücke brechen.

Süßsaures Himbeergelee

1 Blatt vegane Gelatine
80 g Himbeermark
30 g Zucker
Saft von ½ Limette
Abrieb von 1 unbehandelten Zitrone

Gelatine in kaltem Wasser einweichen. Himbeermark, Zucker und Limettensaft erwärmen. Gelatine ausdrücken, dazugeben und auflösen. In eine flache, mit Folie ausgelegte Form füllen und bei Raumtemperatur fest werden lassen. Das Gelee in kleine Würfel schneiden und in Zitronenabrieb wälzen.

Himbeermarshmallows

250 g Zucker
20 ml Wasser
6 Blatt vegane Gelatine
30 g Eiweiß
90 g Himbeermark
Weizenstärke

225 g Zucker und Wasser auf 120 °C erhitzen. Gelatine in kaltem Wasser einweichen. Eiweiß mit restlichem Zucker steif schlagen. Den gekochten Zucker in dünnem Strahl unterrühren und kalt aufschlagen. Das Himbeermark leicht erwärmen und die ausgedrückte Gelatine darin auflösen. Vorsichtig unter die Zuckermasse heben. 1 cm dick auf ein mit Weizenstärke besiebtes Blech streichen und bei Raumtemperatur fest werden lassen. In Würfel schneiden und in Weizenstärke wälzen.

Himbeermousse

300 g Sahne
4 Blatt vegane Gelatine
60 g Eigelb
80 g Zucker
200 g Himbeermark
30 ml Himbeerlikör

Sahne steif schlagen und Gelatine in kaltem Wasser einweichen. Eigelb mit dem Zucker über dem Wasserbad auf 80 °C warm aufschlagen, anschließend kalt rühren. Himbeermark und -likör untermischen. Gelatine ausdrücken und in der Masse auflösen. Schlagsahne unterheben. Die Mousse in eine Silikonform füllen und tiefkühlen. Gefroren aus der Form nehmen und auftauen.

Baiser

60 g Puderzucker
30 g Eiweiß

Den Backofen auf 100 °C (Ober-/Unterhitze) vorheizen. Puderzucker und Eiweiß zu Baiser aufschlagen. Mit zwei Löffeln Nocken abstechen und auf ein mit Backpapier ausgelegtes Blech setzen. Im Ofen etwa 1 Stunde trocknen und anschließend mit dem Bunsenbrenner abflämmen.

Himbeerpralinen

25 weiße Pralinenhohlkörper
Himbeermarmelade
80 g Sahne
15 g Glukosesirup
100 g weiße Kuvertüre
20 g Butter
temperierte weiße Kuvertüre (siehe S. 35)
10 g gefriergetrocknete Himbeeren

In die Pralinenhohlkörper einen kleinen Klecks Himbeermarmelade geben. Sahne mit Glukosesirup aufkochen, über die gehackte Kuvertüre gießen und emulgieren. Butter hinzufügen und die Masse abkühlen lassen, dann leicht aufschlagen und in die Hohlkörper füllen. Diese mit temperierter weißer Kuvertüre verschließen und überziehen. Gefriergetrocknete Himbeeren zerstoßen und die Pralinen darin wälzen.

Himbeergel

150 g Himbeermark
Abrieb von 1 unbehandelten Orange
2 g Agar-Agar

Alle Zutaten aufkochen, erkalten lassen und mixen. In eine Spritzflasche füllen und kalt stellen.

Himbeertörtchen

3 Eier
Mark von 1 Vanilleschote
Abrieb von 1 unbehandelten Orange
110 g Zucker
25 g Mehl
25 g Weizenstärke
10 ml Wasser
30 g Eiweiß
130 g weiche Butter
100 g Himbeermark
runde, dünne weiße Schokoladentafeln
4 große Himbeeren

Den Backofen auf 175 °C (Ober-/Unterhitze) vorheizen. Eier mit Vanillemark, Orangenabrieb und 60 g Zucker aufschlagen. Mehl und Weizenstärke hineinsieben und unterheben. Den Teig dünn auf ein mit Backpapier ausgelegtes Blech streichen und im Ofen 20 Minuten backen. Abkühlen lassen und vier Kreise in der Größe der Schokoladentafeln ausstechen.
Für die Creme restlichen Zucker mit 10 ml Wasser auf 120 °C erhitzen. Eiweiß aufschlagen und den flüssigen Zucker in dünnem Strahl einrühren. Die Masse kalt schlagen. Die Butter in Stücken unterrühren. Das Himbeermark zum Schluss zugeben. Die Creme in einen Spritzbeutel füllen und Tupfen kreisförmig auf die gebackenen Böden spritzen. Schokoladentafeln obenauf legen und mit Himbeeren garnieren.

Anrichten

Minzeblättchen

Die einzelnen Komponenten beliebig auf einem Dessertteller anrichten. Zum Schluss eine Nocke des Sorbets auf den Teller geben und alles mit Minzeblättchen garnieren.

Rosmarin ist ein sehr gutes Parfüm (alternativ natürlich ein Rosmarinzweig) und ideal, um auf diesen Muffin einzustimmen. Rosmarin ist ein Kraut mit einem ganz eigenen, strengen Geschmack und Geruch, irgendwo zwischen röstig, würzig und vielleicht auch seifig, und passt trotzdem perfekt zur Vanille.

Dieses Rezept zeigt aber auch, dass man manchmal einen Versuch abseits des Bekannten wagen sollte. Die Empfindung, ob bestimmte Geschmäcker und Gerüche zusammenpassen, ist individuell. Manche Kombinationen mögen sehr viele Menschen, manche nur wenige. Finden Sie Ihre Vorlieben heraus, seien Sie dabei aber auch mutig.

VEGANE MUFFINS MIT MARILLE UND ROSMARIN

Marillen-Rosmarin-Muffins

5 Marillen
5 EL Zucker
2 TL Zimtpulver
90 g Margarine
200 g Mehl
2 EL Sojamehl
130 g Puderzucker
150 ml Sojamilch
1 TL Backpulver
5 EL Wasser
1 TL frisch geschnittene Rosmarinnadeln
Abrieb von 1 unbehandelten Zitrone

Den Backofen auf 180 °C (Ober-/Unterhitze) vorheizen. Marillen halbieren, entsteinen, würfeln und in Zucker und Zimt wälzen. Restliche Zutaten sorgfältig miteinander verrühren. Ein Muffinblech mit Papierförmchen auslegen und die Vertiefungen zur Hälfte mit Teig füllen. Marillen mittig darauf verteilen, zum Rand etwas Platz lassen. Restliche Teigmasse obenauf geben und die Muffins im Ofen 15 Minuten backen.

Veganes Frosting

300 g veganer Frischkäse
80 g weiche Margarine
90 g Puderzucker
Mark von ½ Vanilleschote
1 EL Abrieb von ½ unbehandelten Orange
1 EL Abrieb von 1 unbehandelten Zitrone

Frischkäse, Margarine, Puderzucker, Vanillemark, Orangen- und Zitronenabrieb in einer Schüssel zu einer glatten Creme rühren. Kühl stellen.

Anrichten

4 kleine Rosmarinzweige
1 EL Zucker

Die Rosmarinzweige kurz in einem kleinen Topf mit kochendem Wasser blanchieren. Abtropfen lassen und in Zucker tauchen, dann im Backofen bei 120 °C (Ober-/Unterhitze) trocknen oder mit dem Bunsenbrenner kurz abflämmen. Frostingmasse in einen Spritzbeutel füllen und auf die abgekühlten Muffins dressieren. Mit glasiertem Rosmarin garnieren.

Die Kombination von Erdbeere und Rhabarber ist eine meiner absoluten Lieblingspaarungen – die natürlich auch jahreszeitlich perfekt passt, da beide zur gleichen Zeit ihren geschmacklichen Höhepunkt erreichen. Der säurebetonte Rhabarber und die eher süßliche Erdbeere werden getrennt durch crunchige Teigblätter. Holunder, mit seinem ganz besonderen Aroma, einer Mischung aus herb, süß und säuerlich, ist ein wunderbar verbindendes Element.

Das Dessert im Ganzen erfordert zu Hause enorm viel Zeit. Sie können Ihre Gäste aber auch mit Einzelkomponenten begeistern oder, in der einfachsten Version, Rhabarber abziehen, schneiden, in Zucker einlegen (so verliert er seine Härte und die starke Säure) und ihn dann mit Erdbeeren, etwas Holunderblütensirup und Minzeblättchen servieren.

MILLEFEUILLE VON RHABARBER, ERDBEERE UND HOLUNDER

Blätter

200 g Zucker
200 g Margarine
Mark von 1 Vanilleschote
Abrieb von 2 unbehandelten Limetten
300 g Mehl
15 g Glukosesirup
35 ml Wasser

100 g Zucker, Margarine, Vanillemark und Limettenabrieb vermengen, Mehl unterkneten. Den Teig 2 Stunden ruhen lassen. Den Backofen auf 180 °C (Ober-/Unterhitze) vorheizen. Den Teig 3 mm dick ausrollen und auf Backpapier 10 Minuten im Ofen backen, dann abkühlen lassen und fein mixen. Aus restlichem Zucker, Glukosesirup und Wasser Karamell kochen. Brösel unterheben, auf ein mit Backpapier ausgelegtes Blech geben, flach drücken und ebenfalls bei 180 °C etwa 4 Minuten im Ofen backen. Noch heiß zwischen zwei Lagen Backpapier möglichst dünn ausrollen.

Rhabarbergel

100 g Rhabarberpüree
30 g Erdbeerpüree
50 g Zucker
2 g Agar-Agar

Alle Zutaten in einem Topf aufkochen, abkühlen lassen und glatt mixen. In eine Spritzflasche füllen.

Erdbeergel

150 g Erdbeerpüree
40 g Zucker
20 ml Weißwein
2 g Agar-Agar

Alle Zutaten in einem Topf aufkochen, abkühlen lassen und glatt mixen. In eine Spritzflasche füllen.

Holundergel

200 g Zucker
200 ml Wasser
10 Holunderblütendolden
Saft von ½ Zitrone
1 g Agar-Agar

Zucker, Wasser, Holunderblütendolden und Zitronensaft vermengen und über Nacht ziehen lassen. Anschließend aufkochen und leicht reduzieren. Holunder abseihen und Sirup weiter einkochen. Mit Agar-Agar binden und in eine Spritzflasche füllen.

Rhabarbersauce

2 Stangen Rhabarber
Mark von 1 Vanilleschote
100 g Zucker
30 ml Erdbeersirup
10 ml Holunderblütensirup
Weizenstärke

Rhabarber schälen und klein schneiden. Mit den restlichen Zutaten außer der Stärke erhitzen, einkochen und mit Weizenstärke leicht abbinden.

Erdbeerpralinen

100 g Erdbeerpüree
50 g vegane weiße Kuvertüre
25 vegane Pralinenhohlkörper
temperierte vegane weiße Kuvertüre (siehe S. 35)

Das Erdbeerpüree aufkochen, über die gehackte Kuvertüre gießen und emulgieren. Abkühlen lassen und die Masse in die Pralinenhohlkörper füllen. Mit temperierter Kuvertüre verschließen und überziehen.

Erdbeersorbet

250 g Erdbeerpüree
50 g Himbeerpüree
100 g Zucker
Abrieb von 1 unbehandelten Orange

Alle Zutaten in einem Topf erhitzen, bis sich der Zucker gelöst hat. Die Masse in der Eismaschine gefrieren.

Erdbeermousse

125 g Mandelblättchen
30 ml Zitronensaft
75 g Erdbeerpüree
50 ml Mandeldrink
100 g Agavendicksaft

Die Mandeln über Nacht in kaltem Wasser einweichen. Dann abgießen und mit den restlichen Zutaten pürieren, bis eine sahneähnliche Konsistenz erreicht ist. In beliebige Formen füllen und abgedeckt im Kühlschrank fest werden lassen

Anrichten

Abwechselnd Blätter und die verschiedenen Gele sowie die Erdbeermousse zu Millefeuilles schichten. Eine Praline dazulegen und eine Nocke des Sorbets daneben platzieren. Mit Rhabarbersauce abschließen und nach Belieben ausgarnieren.

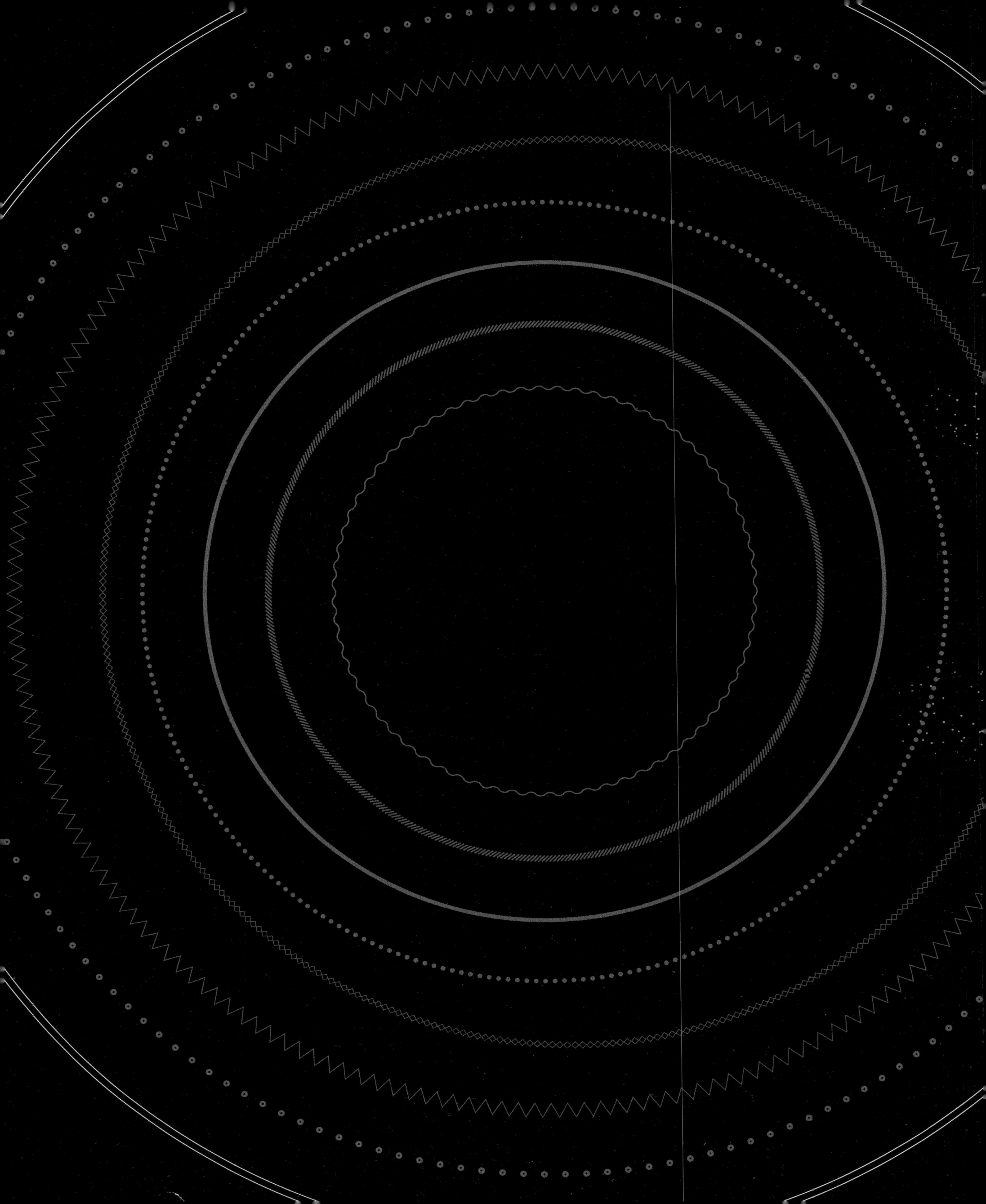

DRINKS

Auch Cocktails leben von Aromen, und Gemüse spielt bei ihnen inzwischen oft zumindest eine Nebenrolle.

Unsere Signature-Drinks lieben unsere Gäste sehr, daher möchte ich Ihnen in diesem Buch ein paar von ihnen mitgeben.

Gemüse bleibt bei ihnen allerdings außen vor. Doch mit Duft spielt meine Frau sehr gerne. Sie lässt unsere Gäste immer mal wieder an einer frischen Zitrone oder Orangenzeste schnuppern, bevor sie ihnen den Drink serviert. Denn das Gehirn und alle Geschmacksknospen sind dann bereit für Frische – und die gehört definitiv zu jedem unserer Cocktails dazu.

OLD HERZOG

40 ml Herzog Whiskey
200 ml Ginger Beer
1 Spritzer Angostura Bitter
Eiswürfel

Garnitur: Limettenschale
Glas: Longdrinkglas

Whiskey mit Ginger Beer aufgießen. Einen Spritzer Angostura Bitter hinzugeben und umrühren. Ein Longdrinkglas mit Eiswürfeln befüllen, Drink zugießen und mit Limettenschale garnieren.

RUSSISCHE KRÄUTERHEX

40 ml Herzog Pure Glacier Vodka
20 ml Herzog Kräuterlikör
20 ml Lime Juice
100 ml S.PELLEGRINO
Eiswürfel

Garnitur: Limettenscheiben
Glas: Whiskey Tumbler

Pure Glacier Vodka, Kräuterlikör und Lime Juice im Glas verrühren und mit S.PELLEGRINO aufgießen. Eiswürfel und Limettenscheiben zugeben.

MARISA LOVES GIN

60 ml Herzog Gin
40 ml Eistee
20 ml Grenadinesirup
125 ml Rögner Roter Marisa Apfelsaft
Eiswürfel

Garnitur: Blutorangenscheibe, Minzeblättchen
Glas: Stölzle Wasserglas

Gin, Eistee, Grenadinesirup und Apfelsaft im Glas verrühren. Eiswürfel dazugeben und mit Blutorangenscheibe und Minze garnieren.

WEINVIERTEL PARADIES

40 ml Herzog Rum
100 ml Rögner Marillennektar
50 ml Orangensaft
Crushed Ice

Garnitur: Orangenscheibe, Zitronenmelisse
Glas: Süßweinglas

Rum, Marillennektar und Orangensaft im Glas verrühren und mit Crushed Ice auffüllen. Mit Orangenscheibe und Zitronenmelisse garnieren.

STRAWBERRY AND DUKE

120 ml Rögner Erdbeernektar
40 ml Herzog Gin
1 Kugel Zitronensorbet

Garnitur: Zitronenscheibe
Glas: großes Martiniglas

Erdbeernektar und Gin im Glas verrühren, eine Kugel Zitronensorbet zugeben und mit einer Zitronenscheibe abschließen.

ROYAL GRAND

40 ml Herzog Gin
10 ml Holunderblütensirup
100 ml Tonic Water
50 ml Champagner
Crushed Ice

Garnitur: Limettenschale
Glas: Champagnerglas

Gin, Holunderblütensirup, Tonic Water und Crushed Ice ins Glas geben und mit Champagner aufgießen. Mit Limettenschale garnieren.

HERZOGLICHER SHOT

20 ml Herzog Lemongrasschnaps
60 ml Bitter Lemon
1 Eiswürfel

Garnitur: Limettenscheibe, Zitronenschale
Glas: Shotglas

Lemongrasschnaps mit Bitter Lemon und einem Eiswürfel ins Glas geben, gut abdecken und einmal kurz auf den Kopf drehen. Zurückdrehen und mit Limettenscheibe und Zitronenschale garnieren.

SCHLOSS PRIELAU UND DIE MAYERS – EINE LIEBESGESCHICHTE

Ich habe mir für dieses Buch gewünscht, dass die Liebesgeschichte meiner Frau Anette und mir mit Schloss Prielau von Anette erzählt wird. Denn sie ist die gute Seele des Schlosses und ohne sie wäre all das, was wir unseren Gästen bieten, gar nicht möglich. Ich übergebe also an Anette.

Anette: Es ist wirklich eine Liebesgeschichte zwischen uns und Schloss Prielau. Sie begann schon sechs Jahre bevor das Schloss unsere Wirkungsstätte und Heimat wurde. Wir waren auf einen Geburtstag dorthin eingeladen, Küchenchef war damals noch Jörg Wörther. Uns beide hat der Charme des Hauses, die Schönheit der Landschaft und die elegante Ländlichkeit des Anwesens von Anfang an begeistert. Aber niemals hätten wir gedacht, dass Prielau unser nächster Lebens- und Arbeitsmittelpunkt werden würde. Dabei hätten wir nur einmal auf die Zeichen achten sollen. Denn an diesem Geburtstagswochenende gingen wir zusammen zum See, und dort standen mehrere Baumstümpfe, auf denen unsere Initialen AM (Anette und Andreas Mayer) eingebrannt waren. Damals lachten wir nur darüber …

Sechs Jahre später. Es stand fest, dass Jörg Wörther Prielau verlassen würde, und Susanne und Wolfgang Porsche fragten bei uns an, ob wir uns vorstellen könnten, es zu betreiben. Wir fuhren also wieder nach Zell am See, diesmal nicht um zu feiern, sondern um es uns anzusehen, mit der ganz realen Vorstellung, dort zu leben und zu arbeiten.

Andreas wollte eigentlich niemals auf dem Land wohnen. Nachdem er sehr ländlich aufgewachsen war, liebte er das Stadtleben in Berlin, Hamburg, Düsseldorf und vor allem München, wo wir zu der Zeit lebten.

Andreas: Ich muss mich kurz einmischen. Das stimmt. Außerdem hatte ich einen gut dotierten Job, Anette war in einer Festanstellung … Aber was antwortest du, wenn deine Frau dich anschaut und sagt: „Schatz, der größte Gefallen, den du mir tun könntest, wäre, wenn unsere Kinder hier groß werden." Mir fiel nur noch ein: „Dann musst du aber mitmachen, das kann ich nicht alleine." Und diese Herausforderung hat sie mit Bravour angenommen.

Anette: Die Forderung von Andreas war auch genau richtig, denn als wir Familie Porsche trafen, bestätigten sie uns, dass sie unbedingt ein Betreiberpaar wollten. Wir sagten zu. Das war im Herbst 2003. Jörg Wörther verließ Prielau im September. Wir eröffneten im Mai 2004, die Wintersaison wurde für Renovierungsarbeiten genutzt.

Im April 2004 zogen wir also nach Zell am See. So viele Jahre ist das nun her, und wir haben diesen Entschluss niemals bereut. Andreas hat hier die Bühne gefunden, die er für seine Küche braucht. Ich widme mich Hochzeiten und unseren Hotel- und Restaurantgästen mit großer Freude. Die Familie ist glücklich und die Kinder mittlerweile schon aus dem Haus.

Aber es war natürlich immer viel Arbeit. Das Hotel bestand damals nur aus fünf schönen Zimmern und sonst gar nichts. Die heutigen großen Suiten und das exklusive Fischerhaus gab es nicht. Es gab keinen Bankettbereich, und der gesamte Küchenbereich ist ohnehin ein kompletter Neubau. Das alles war nur möglich mit der finanziellen Unterstützung von Wolfgang Porsche. Er hat immer verstanden, dass Wirtschaftlichkeit in Gastronomie und Hotellerie nur möglich ist, wenn man auf der ganzen Klaviatur der Angebote, vom Fine Dining über die Schlossküche, von der Hochzeit bis zum Exklusiv-Dinner, spielen kann. Dazu benötigte das Hotel die dazu passenden Unterkünfte im luxuriösen Landhausstil, ausgestattet mit dem technischen Komfort eines Boutiquehotels – so wie wir es jetzt anbieten können. Im Laufe der Jahre ist daher, glaube ich, ein perfektes Genussjuwel entstanden. Wir wissen die Zusammenarbeit mit der Familie Porsche sehr zu schätzen.

Für uns beide ist die Leidenschaft und Liebe zu Schloss Prielau niemals verloren gegangen und wird uns sicher auch noch die nächsten mindestens zehn Jahre begleiten.

Schloss Prielau

Erstmals urkundlich erwähnt wurde Schloss Prielau im Jahre 1425. Im 16. Jahrhundert wurde das Schloss umgebaut und erhielt seine noch heute erhaltene äußere Gestalt. Zum Gebäude gehört eine Hofkapelle, die für Hochzeiten genutzt wird.

In den nächsten Jahrhunderten wechselte Schloss Prielau viele Male den Besitzer. Der letzte Fürstbischof, der das Schloss nutzte, war Sigmund Christoph von Waldburg zu Zeil und Trauchburg. Sein Wappen ist noch immer am Schlossportal zu sehen.

1932 kaufte Gerti von Hofmannsthal, die Witwe Hugo von Hofmannsthals, das Anwesen und restaurierte das Schloss. Im 2. Weltkrieg wurde die Familie enteignet und der Bildhauer Josef Thorak brachte das Schloss an sich. Nach dem Krieg erhielt die Familie von Hofmannsthal ihren Besitz zurück.

In den 1980er-Jahren kaufte Familie Porsche das Anwesen und baute das Schloss zu einem Hotel und Restaurant um.

Seit 2004 wird das Schloss von Anette und Andreas Mayer geführt, die ihre Gäste sowohl im Hotel als auch im Gourmetrestaurant MAYER's verwöhnen und dort zahlreiche Hochzeiten und Events ausrichten.

Seitdem wurden sowohl das Hotel als auch die gastronomischen Bereiche ausgebaut und modernisiert. Heute ist Schloss Prielau nicht nur eine der ersten Gourmetadressen Österreichs, sondern auch ein ganz besonderes Event- und Hoteljuwel.

S.PELLEGRINO
ACQUA PANNA

S.PELLEGRINO

DANK

Auf dem Titel eines Buchs steht üblicherweise EIN Autor, in diesem Fall also ich. Aber ein solches Buch kann nur im Team entstehen. Und ich hatte das Glück, dass für dieses Buch ein ganz großartiges Team zusammengekommen ist.

Im ersten Schritt gehört mein Dank aber zwei Frauen. Meine Mutter hat mich nicht nur zur Welt gebracht, sondern mir durch ihre Küche gezeigt, wie wichtig die Liebe bei der Zubereitung von Essen ist. Ich habe ein bisschen gebraucht, bis ich gemerkt habe, dass darin auch meine Berufung besteht. Den Grundstein aber hat die Küche meiner Mutter definitiv gelegt. Die zweite Frau ist natürlich Anette. Ohne sie gäbe es unsere Familie nicht, hätte ich nicht den Fels in der Brandung eines Berufes, der große Erfüllung, aber auch große Herausforderungen bedeutet. Ohne sie wäre Prielau für uns und unsere Gäste nicht das, was es ist: ein Ort zum Genuss für alle Sinne. Und auch meinen Gästen möchte ich hier einmal danken. Es ist nicht selbstverständlich, dass so viele von ihnen uns schon so lange die Treue halten und immer neugierig bleiben, welche Entwicklungen unsere Küche aufs Neue zu bieten hat.

Ein Bild spricht tausend Worte, international und ohne Text. Doch obwohl Bilder natürlich weder Duft noch Geschmack vermitteln können: Klaus, du schaffst es, dass man beinahe das Gefühl bekommt, unsere Kreationen schmecken und riechen zu können.

Dass meine Geschichten dazu so geschrieben sind, dass man sie wirklich gerne liest, dafür gehört mein Dank Stephanie Bräuer. Wahrscheinlich liegt es auch daran, dass wir uns inzwischen doch schon ziemlich lange kennen, dass ich mich in den Texten, die wir gemeinsam verfasst haben, absolut wiederfinde – und Sie als Leser mich ein wenig kennenlernen können.

Aber die schönsten Bilder, die unterhaltsamsten Texte und meine Rezepte machen für sich noch kein Buch. Daher danke ich natürlich allen Beteiligten beim Matthaes Verlag. Ganz besonders möchte ich Bruni Thiemeyer dafür danken, dass sie aus all den verschiedenen Zutaten ein Buch gemacht hat, das meinen Herzenswunsch nach einem ganz eigenen vegetarischen Kochbuch in Erfüllung gehen ließ. Trotz einiger Umwege in diesen nicht ganz leichten Zeiten, hat sie immer an unser Projekt geglaubt. Selbstverständlich danke ich auch allen, die als Partner sowohl im beruflichen Alltag als auch als Unterstützer dieses Buchs seine Produktion mit ermöglicht haben.

Und ganz zum Schluss danke ich natürlich Ihnen, liebe Leser. Denn wenn Sie diesen Dank lesen, halten Sie dieses Buch in Händen. Und ich hoffe, egal ob Sie nun in Ihrem Alltag vegetarisch oder flexitarisch (was für ein toller Ausdruck für „Ich ess' alles") leben, dass Sie beim Lesen, Blättern, Ausprobieren und – natürlich – Riechen vielleicht einen ganz neuen Zugang zur vegetarischen Küche bekommen.

ANDREAS MAYER UND SEIN TEAM

Wir danken unseren Mitarbeiterinnen und Mitarbeitern für die Unterstützung und langjährige Treue.

Andreas Mayer
Chef de Cuisine

Anette Mayer
Gastgeberin

Reinhard Walcher
Restaurantleiter & Sommelier

Alexander Dostal
Souschef MAYER's Restaurant

Miriam Fridriks
Souschefin Schlosswirtschaft

Olivier van den Beek

Johann Binder

Nemanja Bikic

Silvia Schneider

Clara-Sophie Schuster

Elena Hetz

Alexandra Schullerer

Kristina Hubatka

Isabella Payrits

Simon Robitza

EMPFEHLENSWERTE ADRESSEN

Mit den folgenden Lieferanten arbeite ich schon lange partnerschaftlich zusammen und kann sie sehr empfehlen. Auch haben sie das Buchprojekt unterstützt, wofür wir herzlich danken.

Früchte Maier GmbH & Co. KG
Ladestraße 8
6370 Kitzbühel, Österreich

Tel. +43 (0) 5356 622080
E-Mail: office@fruechte-maier.de
Internet: www.fruechte-maier.com

AGM Zell Maishofen
Zellerstraße 27
5751 Maishofen, Österreich

Tel: +43 (0)6542 572550
E-Mail: office@agm.at
Internet: www.agm.at

Nestlé Waters Deutschland GmbH
Lyoner Straße 23
60528 Frankfurt / Main

Tel.: +49(0)69 66710
Fax: +49 (0) 69 / 66 71 47 85
E-Mail: info@sanpellegrino.de
Internet: www.sanpellegrino.com

Segafredo Zanetti Austria Ges.m.b.H.
Hallwanger Landesstraße 10
5300 Hallwang, Österreich

Tel.: +43 (0)662 6613820
E-Mail: info@segafredo.at
Internet: www.segafredo.at

Transgourmet Österreich GmbH
Egger-Lienz-Straße 15
4050 Traun, Österreich

Tel.: +43 (0)7229 6051500
E-Mail: office@transgourmet.at
Internet: www.transgourmet.at

Schwaighofer - Die Gärtnerei
Weikersbach 18
5760 Saalfelden, Österreich

Tel.: +43 (0)6582 72401
E-Mail: office@die-gaertnerei.at
Internet: www.die-gaertnerei.at

Vinobile Handels GmbH
Glemmtalerstraße 610
5753 Saalbach Hinterglemm, Österreich

Tel.: +43 (0)6541 7220
E-Mail: mail@vinobile.at
Internet: www.vinobile.at

La Bilancia Trüffelhandelsgesellschaft mbH
Gmunderstraße 37a
81379 München, Deutschland

Tel.: +49 (0)89 18921800
E-Mail: info@labilancia.com
Internet: www.labilancia.com

Gurken
1,29
Bierrettich
DE
€1,79
Fenchel
DE.
1000g
€3,79
DE
€ 1,29
3,49
AGM
AGM AGM

REZEPTREGISTER

VORRATSSCHRANK

FINGERFOOD

VORSPEISEN

SUPPEN

ZWISCHENGERICHTE

HAUPTGERICHTE

DESSERTS

DRINKS

IMPRESSUM

MATTHAES

Ein Imprint der Dorling Kindersley Verlag GmbH

Ein Unternehmen der Penguin Random House Group

Idee, Rezepte und Foodstyling: Andreas Mayer, Zell am See

Text: Stephanie Bräuer, München

Fotografie: Klaus Bauer, Saalfelden

Grafische Gestaltung und Producing: done by people, Wiesbaden

Lektorat: Simone Gerlach, Fürth

Projektbetreuung: Bruni Thiemeyer, Stuttgart

Druck und Bindung: FINIDR, s.r.o., Český Těšín, Tschechische Republik

FSC MIX Papier aus verantwortungsvollen Quellen FSC® C014138

ISBN 978-3-98541-053-8

www.dk-verlag.de

Hinweis

Die im Buch veröffentlichten Texte und Rezepte wurden mit größter Sorgfalt von den Verfassern und dem Verlag erarbeitet und geprüft. Eine Garantie kann jedoch nicht übernommen werden. Ebenso ist die Haftung der Verfasser und/oder des Verlags und seiner Beauftragten für Personen-, Sach- und Vermögensschäden ausgeschlossen.

Andreas Mayer

Der Haubenkoch mit bayerischen Wurzeln und Schüler von Eckart Witzigmann übernahm 2004 die Küchenleitung auf Schloss Prielau im Pinzgau (Österreich). Seine Kochkünste wurden vielfach von internationalen Gourmetführern gewürdigt, unter anderem mit 2 Sternen im Guide Michelin, 3 Hauben/17 Punkten im Gault&Millau, 3,5 Feinschmecker-Fs und 94 Punkten im Falstaff. Weiterhin erhielt er die Auszeichnung zum Koch des Jahres Österreich.

Der Küchenstil von Andreas Mayer zeichnet sich durch kräftige Aromen und ungewöhnliche Geschmackskombinationen aus. Im Restaurant hört Andreas Mayer oft, dass selbst passionierte Fleischesser das vegetarische Menü bevorzugen, da sie von vorangegangenen Besuchen überzeugt von seiner Gemüseküche sind.

Klaus Bauer

Klaus Bauer fotografiert seit Jahrzehnten. Er ist auf allen möglichen Formaten, Speichermedien, Datenträgern, Kamera- und Postproductionsystemen ausgebildet.

Er verfügt über die besten Kamera- und Lichtsysteme sowie das größte Atelier in der Region Saalfelden. Werbefotografie, Peoplefotografie, Hochzeitsfotografie, Hotelfotografie, Architekturfotografie, Foodfotografie, … zählen seit vielen Jahren zu seinen Spezialgebieten.